Hermann Glaser

Geburtstag bei Mörderinnen

Reiseerfahrungen rund um den Globus

Reihe Buchfranken - Bücher über und aus Franken
Herausgegeben von Prof. Dr. Hermann Glaser und Dr. Johann Schrenk

Bd. 18 Hermann Glaser, Geburtstag bei Mörderinnen

Bd. 1 Godehard Schramm, Drei ganz Besondere
Bd. 2 Günter Höhne (Hg.), Des Flusses und der Liebe Wellen
Bd. 3 Siegfried Kett, Erhellung und Beschleunigung
Bd. 4 Winston Kelley, Amerikanische Dichter & Denker in Franken
Bd. 5 Hermann Glaser, Zwischen Furchenglück und Sphärenflug
Bd. 6 Hermann Glaser (Hg.), Lukullus in Franken
Bd. 7 Otto Glaser u.a., Gedichte von Vergessenen
Bd. 8 Rainer Hambrecht u.a., Das braune Franken
Bd. 9 Franz Sonnenberger, Der Brückenbauer
Bd. 10 Hermann Glaser, Irgendwie traurig, vielleicht auch heiter
Bd. 11 Bernd Siegler/Chr. Bausenwein, Franken Fußball I
Bd. 12 Bernd Siegler/Chr. Bausenwein, Franken Fußball II
Bd. 13 Jürgen Walter, Ich kann nicht mehr zurück ...
Bd. 14 Manfred Schreiner, Mit schüchternem Stolz ...
Bd. 15 Michaela Domes (Hg.), Die ganze Welt ist Bühne ...
Bd. 16 Dieter Gärtner, Der Medicus von Bamberg
Bd. 17 Günther Kraus, Alles hat seine Zeit

Sonderband 01: Hermann Glaser (Hg.),
In Franken wieder Heimat finden
Sonderband 02: Lichtbild(n)er, Fränkisches Bilderbuch
des Meister-Photographen Horst Schäfer

Impressum

Inh. Dr. Johann Schrenk
Alramweg 3, 91187 Röttenbach
schrenk@buchfranken.de / www.buchfranken.de
Satz und Layout: Schrenk-Verlag
Redaktion: Hermann Glaser und Johann Schrenk
Illustrationen: Silke Dörlitz, Gunzenhausen
Cover: Gestaltung Schrenk-Verlag, unter Verwendung
zweier Portraitfotos von Rainer Wrede, Fürth (fotura)
Herstellung: BoD – Books on Demand, Norderstedt

Originalausgabe 2018, ISBN 978-3-924270-09-4

Hermann Glaser

Geburtstag bei Mörderinnen

Reiseerfahrungen rund um den Globus

mit 29 Vignetten von Silke Dörlitz

Buchfranken
Bücher über und aus Franken
im Schrenk-Verlag

INHALT

Parerga

Anhang

Kurzbiographien

Bibliografische Informationen der Deutschen Nationalbibliothek
Die Deutsche Nationalbibliothek verzeichnet diese Publikation
in der Deutschen Nationalbibliografie;
detaillierte bibliografische Daten sind im Internet über
http://www.dnb.de abrufbar

Zu diesem Buch

Ich habe in ihm kurze Texte zusammengestellt, die von meinen sich über Jahrzehnte erstreckenden Reisen in etwa fünfundzwanzig Länder berichten. Über Erlebnisse, vor allem über Menschen, die ich dabei getroffen habe. Man könnte die Texte vielleicht „verbale Miniaturen“ nennen; allerdings ist die lexikalische Definition insofern nicht zutreffend, als diese von einer „zierlichen Kleinmalerei“ spricht.

Bei meinen Wort-Schnappschüssen – um einen Begriff aus der Fotografie zu verwenden – ist das Motiv (Thema) oft traurig, ja abgründig, hat also nichts mit „anmutiger oder ausschmückender Schönheit“ zu tun. Deshalb auch der Haupttitel eines Berichts über den Besuch in einem brasilianischen Frauengefängnis. Und doch hatte ich gerade hier viel Schönes, ja ergreifende Menschlichkeit erlebt.

Was bei der Fotografie Beleuchtung und Blickwinkel, ist bei meinen Texten der Stil, die Schreibart. Wenn ich mir zum Beispiel beim Anblick einer aus vielen Fetzen bestehenden Bettdecke eines Arbeiters – in einem neuseeländischen Heimatmuseum ausgestellt – die ausgebeuteten, gehetzten Menschen vorstelle, die Schafe schlachteten und für englische Diners zerstückelt in die Gefrierschiffe verfrachteten, beschreibe ich dies mit nicht syntaktisch gegliederten Wortkaskaden.

Meine Texte sind meist ambivalent; in sich widersprüchlich, oszillierend zwischen Heiter- und Traurigkeit: C‘est la vie! – so ist das Leben!

Bei meiner Länderzählung – also Erlebnistopografie – habe ich (was nicht ganz korrekt ist) Hawaii, Hongkong und Singapur als Staaten mit „eingereiht“; aus autobiografischen Gründen. In manchen Ländern bin ich nur kurz, in anderen mehrfach (wie in den USA zwei Dutzend Mal) gewesen. Ich reiste – erst allein, dann, als unsere Kinder „aus dem Haus“ waren, mit meiner Frau – nie als Tourist, sondern eingeladen zu Vorträgen, Beratungen, Lehraufträgen. Dank der Betreuung durch im jeweiligen Land ansässigen Partner war es mir verhältnismäßig rasch möglich, einen Blick auf die alltägliche Wirklichkeit mit ihren Licht- und Schattenseiten zu werfen. Ich lag nicht am Sandstrand der Copacabana, sondern war wochenlang in den Favelas unterwegs (um nochmals Brasilien zu erwähnen). Nicht als Voyeur, aber freilich als Zuschauer, jedoch nicht lust-, eher leidvoll.

Es gibt Überschneidungen mit zwei anderen, autobiografischen Büchern. Ich dachte jedoch, dass es manche Leserinnen und Leser interessieren mag, wie das Mosaik der Erlebnislandschaft eines deutschen „Kulturbürgers" (so wurde ich genannt) aussieht, dem es vergönnt war, jeweils ein Welt-Bild vor Ort sich anzueignen, das natürlich fragmentarisch ist. Es fehlen die Länder Afrikas und Russland; sie blieben leider außerhalb meiner Tätigkeit. Wahrscheinlich wäre dadurch mein anthropologisches Resümee nicht verändert worden:

Welch ein Rätsel ist der Mensch –
Welche Wirrnis bilden die oft krummen Lebenslinien –
Wie traurig sind oft Schicksale –
Wie genial ist sein Tun und –
Wie abgründig die von ihm gestaltete Geschichte.

Ich konnte in viele Gesichter blicken. „Das Schicksal schlägt zu. / Wie richtig das ist. / Schlag auf Schlag: / langsam entsteht ein Gesicht." (Catarina Carsten)

KANGAROOS

Australien

Bei den Antipoden

Dorthin wollte man schon immer einmal. Zu den Antipoden. 20.000 Kilometer und mehr liegen vor uns. Als der Service einsetzt, die Bord-Bar herumgefahren wird, sehen wir links unten schon Klagenfurt. Die Zeittakte des modernen Reise-Komforts lassen die Stunden zusammenschrumpfen. Freuden des Jet-Zeitalters. Wie war das, als man zu Schiff eine so weite Reise unternahm?

Im April 1861 machten sich Elise und Maximiliane Hauck aus Schnaittach nach Australien auf. Sie waren Töchter des Pfarrers Johann Ludwig Hauck und seiner Frau Friederike Marianne; die Eltern waren früh verstorben und hatten acht Kinder hinterlassen (darunter zwei Söhne). Aufgrund einer guten Schulbildung – was angesichts der Schwierigkeiten, die verwaiste Kinder in dieser Zeit hatten, eine besondere soziale Leistung war – wurden drei der Töchter Erzieherinnen. Alle drei wanderten nach Australien aus; zunächst, wie gesagt, Elise und Maximiliane im April 1861. Die Schiffsreise war angenehm. Ende Juli kamen sie an.

Während weit droben, über Wolkenfeldern, der Jumbo dahinrast, denke ich an die beiden Frauen. Warmer, starker Wind von der See her; dennoch eine weiche Landung. Am Freitag flog ich ab; nun ist es Dienstagfrüh drei Uhr. Zwei Tage Zwischenaufenthalt in Singapur; deshalb dauerte es so lange. Verhältnismäßig kurze Einreise- und Zollformalitäten. Um fünf Uhr liege ich im Hotelbett. Nach rund 17 Wochen, am 28. Juli 1861, erreichten Elise und Maximiliane den Hafen von Melbourne.

„Wir haben wunderbares Wetter, so warm und sonnig wie bei uns in den letzten Tagen des Aprils oder in den ersten Tagen des Mais, d. h. wenn wir ein baldiges Frühjahr haben. Mein Mantel, den ich sorgfältig für mein erstes Auftreten in Melbourne aufgespart hatte, wird nun dafür zu warm sein, doch ist es möglich, daß es wieder kälter wird, man sagte mir, es wechsele oft schnell. Jedenfalls kommt es mir nicht vor, als wenn wir den 28 ten Januar, d.h. den 2 ten Wintermonat hätten. Die See ist so glatt wie ein See, die Luft so köstlich und durchsichtig wie auf den Gipfeln meiner geliebten Schweizerberge, rings um uns herum liegen Schiffe von allen Größen obgleich nicht von allen Nationen, denn die meisten sind englisch, nur ein amerikanisches und französisches liegen in unserer Nähe... Am vergnügtesten sind die Matrosen, über die Beendigung unserer Reise, die für die armen Teufel in der letzten Zeit beschwerlich, wenn auch nicht gefährlich genug war. Das untere Verdeck war beständig vom Wasser überfluthet, und da wir auch viel Regen hatten, konnten sie nicht einmal ihre durchweichten Kleider trocknen, von denen sie ohnedies keinen Überfluß besitzen. Heute sind sie dafür so ausgelassen als möglich, spielten auf der Harmonika und tanzten dazu. Einen jungen Deutschen kleideten sie als Tänzerin, ein bärtiger Sicilianer machte ihren Cavalier und benahm sich äußerst galant und zärtlich gegen seine Schöne. Dem Capitain, der sie recht freundlich behandelte, riefen sie beim Abfahren ein lautes Hurrah nach, vermuthlich thun sie uns dieselbe Ehre an, wenn wir das Schiff verlassen, was nicht vor morgen der Fall sein kann. Unsere Sachen sind gepackt, aber heute als am Sonntag kann man nicht in die Stadt, und mir ist es auch angenehm noch einen Ruhetag zwischen den letzten, etwas mehr als vorher bewegten Tagen und der Rückkehr in's eigentliche active Leben zu haben. Es wird einem ganz eigenthümlich vorkommen, wieder für sich selbst denken und handeln zu müssen, nachdem wir solange wie die Lilien auf dem Felde gelebt."

Für den Jet-Reisenden ist die Ankunft in einem fremden Land geradezu schon Routine. Man fürchtet sich nicht vor dem „eigentlichen Ankommen", wohl aber verspürt man Unruhe: Wie wird das alles sein? Was wird man alles erleben? Viele neue Gesichter – aber die Probleme, mit denen wir konfrontiert werden, sind nicht unbekannt, nicht „exotisch". Ein Straßenschild schon: Vorsicht Kängurus! Diese sehen aus wie eine Kreuzung aus Hase, Ratte, Eichhörnchen, Reh; sozusagen genetischer Verschnitt; aber ausgezeichnet geeignet für einen Kontinent, auf dem man immer ins Leere springt.

Die Schwester meiner Großmutter und ihr Mann beschlossen eines Tages, nach Australien auszuwandern. Niemand in der Familie konnte später berichten, wie es dazu gekommen war. Gab es in Australien überhaupt Missionare? (Denn der Mann war Pastor.) Gab es dort überhaupt Neger? Jedenfalls gingen sie weg – um 1900 mag das gewesen sein. Schrieben, dass man als Geistlicher dort sein Brot nicht verdienen könne. Aber mit einer Hühnerfarm schon eher. Schrieben, dass sie sparten, um vor dem Tod noch einmal die geliebte Heimat sehen zu können. Schrieben, dass es nun doch nicht gehe, da wieder ein Kind unterwegs sei; es war das vierte. Schrieben dann lange nicht mehr, denn im Ersten Weltkrieg gab es keinen Briefwechsel. Schrieben dann wieder; in den zwanziger Jahren ging es ihnen nicht recht gut. Doch 1936 konnte die „Tante Anna" endlich kommen; für zwei reichte das Geld nicht. Acht Wochen blieb sie da. Besuchte alle Verwandten; es waren so viele, dass sie bei meinen Eltern nur einen Tag Station machte. Mittags gab es Schweinebraten mit Klößen... damit du auch wieder mal was Fränkisches kriegst, wo ihr doch so viel Hammelbraten essen müßt... Schrieb dann, dass sie gut heimgekommen sei, nun ruhig sterben könne, weil sie noch einmal die Heimat gesehen. Starb aber erst 1953 und liegt in Adelaide begraben. Von den acht Kindern sind auch schon sechs tot. Aber die vielen Enkel leben alle. Und schon haben einige wieder Kinder. Die Verzweigungen eines Stammbaumes werden am Ende zum Gewirr.

Das Barossa Tal bei Adelaide ist ein deutsches Tal. Ein Weintal. Es gibt dort einen Kaiserstuhl. Es gibt Mettwurst, Schnitzel und jedes Jahr ein großes Volksfest. Überall typisch deutsche Häuser, doziert der uns begleitende Volkskundler. Erkennbar an den Giebeln und der Lage des Kamins. Ich erkenne nichts. Sehe nur typisch australische Häuser. Aber die Wissenschaft muss es ja wissen.

Der Friedhof bei dem Dörfchen K. ist jedoch unverkennbar deutsch. Denn jeder Grabstein trägt deutsche Inschriften ... Christus ist unser Leben, Sterben unser Gewinn ... Für

Grabbepflanzung ist es hier wohl zu trocken und zu heiß; oder man hat keine Zeit. Bei einem Grab hat man die Sargfläche mit Küchenplatten zugepflastert; auf die meisten Gräber wurde Straßenschotter gestampft.

Die Deutschen, sagt der Volkskundler, haben ihr Land immer von der einen auf die andere Generation vererbt. Sie sind sesshaft. Haben ihre Heimat sozusagen hierher verpflanzt. Und sind reich geworden.

Beergarden in Adelaide. Lautstarke Volksmusik. Salat und Kartoffeln sind kostenlos; man kauft sein Fleisch und brät es auf dem elektrisch beheizten Grill; es gibt aber auch eine mit Holzkohle bestückte Stelle. Mittelständische Fröhlichkeit. Ob der Deutsche nicht einen „Schnapps“ will? Es gibt unter den Flaschen eine, die dieses Etikett trägt – verstaubt. Keiner hat seit langer Zeit daraus ein Gläschen verlangt. Aber die Deutschen wollen doch immer einen „Schnapps“. In der Tat.

Alle Arten von Schnaps gibt es dagegen im Deutschen Club. Ein hässliches Betongebäude. Im kleinen Saal schunkelt und singt man. Die Physiognomien so wie zu Hause um die Ecke. Dialekte aus vielen deutschen Landstrichen; gemischt mit englischen Brocken. Wirklich „geschafft“ haben es nicht so viele – die Sehnsucht nach dem ganz großen fernen Glück blieb unerfüllt. Aber man ist wohl besser vorangekommen, als wenn man noch zu Hause säße. Wie es zu Hause aussieht, weiß man nicht mehr so recht. Natürlich kommt auch mal einer aus der Verwandtschaft hierher. Zum Beispiel M., der Vetter von S. Was er so macht? Nun, am Tag schaut er auf die Straße und ins Shopping Center. Und abends geht er hierher in den Deutschen Club. Ein Prosit der Gemütlichkeit! Jeden Abend? Ja, jeden Abend. S. verkauft Anstecknadeln mit kleinen eingefassten Opalen. Ein Prosit auf die schöne deutsche Heimat! Auf den deutschen Wald! Es ist so laut, dass man fast nichts versteht.

Australien

Getümmel

Am Strand ist hier viel los. Man wundert sich, woher die Leute alle kommen; denn schließlich ist Melbourne rund siebenhundert Kilometer weit weg, Sydney dreihundert – und außerdem ist die Küste sechsunddreißigtausend Kilometer lang. Wir fahren nach Ulladulla und Mollymook. Ferienhütten, Restaurants, Andenkenläden. Der faulige Geruch von Tang. In die Verkaufsmärkte hinein- und hinausdrängende Menschenmassen. Das Piepsen der elektronischen Ladenkassen. Gleicher Blick der Ladenmädchen wie zu Hause. Gleiche Kartons am Ausgang, wo die Ware aus den Gitterkörben umgepackt wird. Gleiche gefüllte Regale. Gleiche Gesichter der Einkaufenden. Gleicher Geruch von Fisch, Fleisch, Parfüm, Waschmitteln... Wenn du jetzt heimfährst, sind es nur 5 oder 10 Kilometer. In Wirklichkeit sind es rund 20.000 Kilometer. Nach 10 Minuten, nur ein paar Kilometer abseits, Urwald; eine enge, vielfach steile Straße; das Auto rutscht auf dem gelb-schmierigen Lehm weg wie auf Schnee, der (das zeigt die internationale Wetterkarte) zu Ostern immer noch in den Alpen fällt. Gott sei Dank – die Straße führt nicht von nirgendwo nach nirgendwo. Das Handbuch „How to survive in Australia" wird nicht benötigt. Nach 20 Minuten ein Camping Platz. Überall Grillfeuer.

Burrewarra Point: einer der vielen Aussichtspunkte. Westlich der Berge der Great Dividing Range. Beim Lagerfeuer der Blick aufs Meer in Abendstimmung: Nichts in Sicht. Warum sich um etwas kümmern, wenn zeitlos Welle um Welle ans Ufer brandet? Dann tauchen sie auf. Geschichten von Leuten, die man traf. Geschichten, wie Kleider anzuziehen: Du spürst die Schicksale hautnah, und legst sie wieder ab.

B.S. ist Britisch; but. Er legt Wert auf den Oxford-accent. Aber das „but" am Ende des jeweiligen Satzes, bei gehobener Intonation, hat er sich angewöhnt: Merkmal des australischen Englisch, das „strine" genannt wird. Zusammen mit seiner deutschen Frau betreibt er eine florierende Galerie in einer großen australischen Stadt. Um ein bisschen europäische Kunst ins „Hinterland“ zu bringen, auch wenn die Aussies dafür wenig Verständnis haben! Man lebt zwar hier wie in Sibirien – aber komfortabel! Denn einen exklusiven Kreis von Käufern gibt es. Einige Wochen ist man so wie so jedes Jahr in Europa. Eines Tages, in London, auf der Fahrt zum Büro, beschloss B.S. auszubrechen; but. Er wollte sich nicht mehr abrackern; but. Er fand G., die deutsche Freundin. Er reiste durch die Welt; but. Ließ sich in Australien nieder. Verachtet die Australier, weil sie so ordinär sind; but. Segelt; hat einen Christusbart; trägt legere Kleidung aus der Boutique; but.

N.T. und ihr Freund brachen mit dem Rucksack aus Nellingen auf; Ekel am Schwäbisch-Saturierten. Auf nach Asien, das mit den vielen Pfaden für Zivilisationsmüde lockt. Man verliert sich irgendwo. Bleibt ein Jahr hängen. Der Freund erleidet einen Gehirnschlag mit dreißig. N.T. sorgt rührend für ihn und das inzwischen geborene Kind. Raucht viel. Verhärmte Sehnsucht. Das Abenteuer kommt nicht wieder.

T.V. sensibel, charmant; baut sich mit dem Mann, der an einer australischen Universität unterkam, ein Häuschen mit Gärtchen voller heimlicher Bizarrerie; Fluchtort für künstlerische Phantasie. Die Kinder halten es in Australien nicht aus; gehen nach Deutschland zurück; kommen hin und wieder. Wöchentliche kurze Anrufe – jeweils 3 Minuten.

Der italienische Taxifahrer lässt an den Aussies kein gutes Haar. Faule Leute. Wie hat er dagegen schuften müssen! Zurück? Nie und nimmer. Wie die in Italien sich abstrampeln müssen. Das möchte er nicht mehr haben. Da ist er eine ruhigere Tour gewöhnt. Und sei‘s in Australien. Und morgen ist Sonntag. Da geht er mit der ganzen Familie an den Strand. Und abends wird gegrillt.

Neurosen findet man vor allem bei älteren Emigranten, sagt Dr. M. Wenn man nicht mehr im Lebenskampf steht, seine Pension aufzehrt, setzt die innere Unruhe ein. Ein Grab in der Heimat – aber man sucht eigentlich das Leben dort! Ein Ruhesitz drüben wäre schön. Der Abendfriede winkt aus der Ferne.

Belgien

Bei Ostende

Sirrende Schnaken
über dem brackigen Wasser des Kanals
Kein Wind im Schilf
eine Flasche aus Kunststoff
die nicht fault
Mittagsruhe

Belgien

Ein Leichenwagen in Brügge

Einmal
im Fond
des Rolls Royce
die schwieligen Hände
gebettet auf dem Nadelstreifenanzug
der
der im Sarg
der Vater
fünfunddreißig Jahre in der Zementfabrik
meist zu Rad
unter Blumen
ein Festtag

Belgien

Im Park von Beloeil

Ich habe in Erinnerung – nachprüfen will ich es nicht, denn vielleicht müsste ich dann das Erinnerte revidieren –, ich habe in Erinnerung, dass Ezra Pound einmal erzählt, wie er als gefühlsdurchtoster junger Dichter in Paris die aus der Metro ans Tageslicht heraufquellenden Menschenmassen beobachtet und über deren Schicksale ein langes Poem geschrieben habe; um der Essenz des Gesehenen und Erlebten näher zu kommen, begann er dann, Bilder und Sätze wegzunehmen; viel blieb nicht übrig – nur die imagistische „Formel“: „Gesichter in der Menge, wie Blüten an einem schwarzen, nassen Zweig.“ Eine solche reduktionistische Methode kann natürlich auch zur Masche werden. Wie weit darf es Reduktion treiben?

Während die Touristen für die Schlossführung anstehen, habe ich mich in den leicht verwilderten Park, bei dem einem das „Komm-in-den-totgesagten-Park“ von Stefan George einfällt, zurückgezogen; im modrigen Schatten huscht eine junge Frau in Weiß vorbei... es schien so... man klickt einige Schnappschüsse, von denen man weiß, dass sie die Tiefe des Raumes nicht einzufangen vermögen. Das Gefühl der Vergänglichkeit dringt ins kulturübersättigte Bewusstsein. Dutzende von Assoziationen. Was nach der Reduzierung bleibt – ist es anmaßend zu wenig, sentimental zu viel, des Wenigen zu viel, des Vielen zu wenig?

Mit gezückter Kamera
hält der Tourist
dich nicht fest
du Schöne von Renoir
verhuschendes Weiß
in der nachgeschnittenen Allee
in solchen Fällen meist früh verstorben

ROSALIE

Brasilien

Geburtstag bei Mörderinnen

Ich erinnere mich nur noch vage an Gesichter; aber wahrscheinlich sind es nicht die wirklichen von damals. Aber an einen Namen: Rosalie; denn sie schenkte mir ein Blatt Papier mit einer darauf mit Buntstift gezeichneten Blume. Die Unterschrift war ihr Vorname. Sie war wohl zwanzig Jahre alt. Etwa zehn Frauen mit gut gekämmten Haaren, freihängend oder zu Zöpfen geflochten oder zusammengebunden. Alle in blau-weiß gestreiften Sträflingskleidern.

Ich befand mich in einem Frauengefängnis in Sao Paulo. Die Direktorin hatte mich freundlich begrüßt. Es sei eine Ehre und besondere Freude der Insassinnen, dass ein Gast aus Deutschland ihre Einrichtung besuche. Heute werde in der Abteilung für Mörderinnen ein Geburtstag gefeiert. Man würde mich gerne zu Kaffee und Kuchen dabei haben. Wir sitzen dann alle an einem langen Tisch.

Die Dolmetscherin übersetzt meine Begrüßung und Gratulation. Die Frauen klatschen. Sie leben in Gemeinschaftsräumen. Keine Zellen. Ich kann Stuhl um Stuhl weiterrutschen; immer zwei Stühle werden für mich und die Dolmetscherin freigemacht. Die Gespräche sind zurückhaltend; aber die (stehende) Direktorin erläutert auf Englisch die Schicksale der einzelnen Frauen. Fast überall Ähnliches: Die Frauen von Männern geknechtet, gequält, zur Prostitution gezwungen. Eine Leidensgeschichte, meist aus den Favelas. Dann haben sich die Frauen in einem günstigen Augenblick – meist mit einem Messer – befreit; den Mann, den sie oft am Anfang ihrer Beziehung liebten, umgebracht. Der größte Teil der Frauen hat nur vor einem Angst: nämlich begnadigt zu werden oder eben nach langen Jahren das Gefängnis verlassen zu müssen. Denn hier ist es so schön. Dann singen sie ein Lied. Nach etwa zwei Stunden verließ ich die Mörderinnen.

Brasilien

In einem reichen Land

Dieser Blick – traurig, ungläubig, verschüchtert und auch wieder gleichgültig, verloren, ich-los... Ein Zehnjähriger, der wie ein Sechsjähriger aussieht, mit dem Gesicht eines alten Mannes. Er ist zur Schulspeisung gekommen. Die freundlichen Frauen von der Küche haben noch Essen übrig und füllen seinen Behälter, einen kleinen Eimer, voll; da wird auch die Familie etwas abbekommen. Manche Kinder kommen nur wegen des kostenlosen Essens; dem Unterricht müssen sie fernbleiben – sie haben „wichtigere" Tätigkeiten: zum Beispiel Papier sammeln und verkaufen; in der Stadt herumstreunen, um etwas Essbares aufzutreiben; Geld betteln. Familienleben: Trunksucht, brutale Väter, alleingelassene Mütter. Wo nehmen die brasilianischen Lehrerinnen (hier in einer Stadtrandschule in Curitiba) die Kraft für jeden Arbeitstag her – angesichts der furchtbaren Verhältnisse? Jedes Jahr werden die Slums und Favelas größer. „Schauen Sie die Kinder an – sie sind unsere Kraft!" In einfachsten Schulräumen sitzen sie, spielen, lesen, singen, schreiben; hier fühlen sie sich wohl; sie lachen. Wenn sie die Schule verlassen, sind sie wieder ins Elend hinausgestoßen, die Schule ist ihr Zufluchtsort. Ort des Überlebens.

Ein Kulturzentrum in einem Außenbezirk der Stadt São Paulo. Die Anfahrt ist lang; man verliert bald die Orientierung im Straßengewirr. Nach einer Stunde sind wir angekommen. In der Nacht kann man vom Stadtteil wenig sehen, doch soll es sich um eine Arbeiter-Schlafstadt handeln – keine Favelas, aber mit Slums durchsetzt. Der Saal ist überfüllt; sehr viele junge Leute. Das Haus besteht aus einer Bibliothek mit einem noch dürftigen Bücherbestand und einem Vortragsraum sowie Nebenräumen. Die Ausstattung ist gut, auch was technische Medien betrifft. Eine Bürgerinitiative hat der Stadtverwaltung diese Einrichtung abgetrotzt. Auf den Erfolg ist man sehr stolz; man fühlt sich „da draußen" endlich kulturell anerkannt. Im benachbarten Stadtteil hat man ein ähnliches Projekt in einem Zirkuszelt gestartet. Die angestellten Mitarbeiter kommen aus der Gruppe derjenigen, die das Kulturzentrum erkämpft hat; es handelt sich um 15 Leute, einschließlich Personal für Reinigung und Hausbetrieb. Bei der Heimfahrt meint G. S., unser vorzüglicher Dolmetscher (als Jude ist er mit seinen Eltern in den dreißiger Jahren aus Wien emigriert) – wir haben das soziale Elend in der Stadt erörtert –: „Die herrschende Schicht ist geschickt genug, um zu überleben, aber zu dumm, um aus der Situation zu lernen." Was tut man bei so viel Kriminalität, wenn nachts eine Autopanne eintritt? „Am besten an so etwas nicht denken! Beim Ernstfall im Auto sich einriegeln und versuchen, dass ein Taxi oder ein Bus hält; sie werden freilich auf offener Strecke eine Falle vermuten und weiterfahren. Auf den Morgen hoffen!" Jeder im Auto weiß nun eine Horrorgeschichte von Überfall, Raub, Vergewaltigung und Mord zu erzählen.

In der Favela, inmitten der dicht aneinander gedrängten Bretterbuden, ein Brachfeld, eine braune, verwahrloste Fläche mit Erdhaufen und verwelkenden dürftigen Blumen. Die Toten werden hier verscharrt. Nach fünf Jahren braucht man das Grab wieder; der „Todesraum" ist so knapp wie der Lebensraum. – Die Mausoleen der Reichen sollen alle Zeiten überstehen: kunstvolle Kitschgebäude, in denen sich die Sehnsucht nach der Ewigkeit verdinglicht; im Nicht-Sein will man den Glanz des Habens nicht vermissen.

Bei den B.'s, die seit einigen Jahren in São Paulo leben, ist ein Ehepaar als neue Dienstboten eingestellt worden; sie kamen aus dem Nordosten, der furchtbarsten Hunger- und Armutszone. Dass sie diese gute Tätigkeit gefunden haben, hängt damit zusammen, dass der Mann recht gut Auto fahren kann und somit eine Qualifikation besitzt, die die meisten der Landflüchtigen nicht aufweisen können. Es ist schwer, sagt Frau B., hier mit Dienstboten umzugehen; wenn man sie ins Familienleben voll einbezieht, wird dies sofort als Schwäche der „Herrschaft" ausgelegt und dann auf eine Weise ausgenützt, die man bei aller Toleranz kaum hinnehmen kann. Also muss stets deutlich gemacht werden, dass man eben „die Herrschaft" ist. Die reichen Brasilianer haben da keine

Skrupel; früher hatten die Haus-Frauen (die alles andere als Hausfrauen waren) oft sogar in ihrem Dienstpersonal eine eigene Kraft als „Aufheberin“ bzw. „Aufräumerin“; was man nicht mehr brauchte, ließ man eben „fallen“: „Ordnung halten“ wäre schon eine zu große Anstrengung gewesen. Bislang hat die Straßenkehrerin, die für das Viertel, in dem B.'s Haus steht, zuständig ist, gelegentlich deren Toilette benützen dürfen. Das neue Dienstbotenpaar, kaum der Favela entflohen, lässt dies nicht mehr zu: Das wäre noch schöner, wenn die „schmutzige Person“ hereinkäme! Eine Solidarität der Armen und Ärmsten gibt es kaum; man ist am eigenen Vorteil orientiert, der andere ist ein gefährlicher Konkurrent fürs persönliche Fortkommen.

Am Copacabana-Strand in Rio haben sich zwei Touristen niedergelassen; sie ölen sich ein; ein freundlicher Junge tritt heran und erbittet etwas Sonnenöl; derweilen versucht sein Kumpan, die Taschen der beiden zu stehlen. – Wir schlendern durch die Altstadt von Rio, verlieren uns nicht aus den Augen; Pedro, hier geboren, führt uns, er kennt sich aus; seine deutsche Freundin auch. Nach kurzer Zeit sieht sie, dass ihre Umhängetasche von oben bis unten aufgeschlitzt ist; die eingepackten sperrigen Bücher haben freilich das Herausfallen des Inhalts verhindert. Pedro wurde erst vor zwei Wochen vor der Haustür überfallen; zwei Jugendliche haben ihn mit einer Pistole bedroht und ihm alles abgenommen. Wird einer überfallen oder bestohlen, sehen die anderen nicht hin. Die kommunikativen Strukturen lösen sich auf; jeder misstraut jedem. Gleich hinter dem schönen Strand, der einigermaßen gut bewacht ist, beginnt der Dschungel. Ein Wort der Marie von Ebner-Eschenbach kommt mir in den Sinn: „Wenn dein Teller voll ist und der deines Nachbarn leer, so gib ihm die Hälfte, wenn nicht aus Mitleid, so doch aus Klugheit.“

Circo Voador. Ein fester Bau, in dem an vielen Abenden Konzerte und andere Kulturveranstaltungen stattfinden. Großer Andrang. Die Schickeria liebt den Hautgout solcher Orte. Am Tag sind die Leute vom „Zirkus“ als Sozialarbeiter tätig: Fünfzig heimatlose Jugendliche haben hier eine Heimat gefunden; sie werden in Akrobatik und Tanz ausgebildet: So können sie als Bettler etwas mehr Geld „hereinbekommen". Im Aufenthaltsraum frühstücken sie gerade; an der Wand sind die Zahnbürsten aufgereiht. In dieser kleinen „Kinderrepublik" sind die Gesetze der Straße, des Sozialdarwinismus, außer Kraft gesetzt. Ein schwangeres Mädchen von vierzehn Jahren wird umsorgt; jeder der Jungen will der Vater sein. Als kürzlich einer von der Gruppe im Zirkus etwas stahl, wurde er verbannt. Nun steht er sehnsuchtsvoll am Zaun und hofft, durch Wohlverhalten eines Tages wieder aufgenommen zu werden. „Wie viele Straßenkinder gibt es im Großraum Rio?" „Das ist schwer zu schätzen. Vielleicht eine halbe Million. Oder mehr. Darunter sind freilich auch solche, die noch ein Zuhause, meist eine elende Hütte haben, aber während der Woche durch Gelegenheitsarbeit, Bettelei, Stehlen und Raub für ihre Familie zu Geld zu kommen hoffen."

Wir würden draußen auf dem Land, etwa 40 Kilometer von Belo Horizonte entfernt, eine einmalige Einrichtung kennen lernen. Die Anfahrt zeigt das übliche Bild: versteppte Ländereien; vereinzelte schäbige Hütten; ärmliche Dörfer und Kleinstädte. Dann biegen wir rechts ein. Langgestreckte Häuser, heiter-einfach gestaltet – umgeben von Blumen, Sträuchern, Bäumen. Das erste Haus, in das wir treten: wie die Vorzeigeräume eines Möbelgeschäfts; rustikale Ensembles – wie sie der gehobene Mittelstand und die Oberschicht lieben; verarbeitete Eisenbahnbohlen mit allerlei modischem Schnickschnack. Aber an den Wänden und auf dem Boden schöne Teppiche – geknüpft oder gewebt. Überraschende künstlerische Entwürfe. Wir befinden uns in den Verkaufsräumen der Salão do Encontro in Betim. Eine reiche Witwe, einst Kunsterzieherin, hat das Projekt 1971 begonnen; ihr zur Seite steht ein Mitarbeiter, der in Europa Ingenieurwissenschaft studierte und dann „ausstieg". Hunderte von Menschen zwischen zehn und neunzig Jahren, darunter viele alte, auch geistig und körperlich behinderte, arbeiten hier; die Einrichtung ist als „gemeinnützig" anerkannt. In Werkstätten (Schreinerei, Teppichknüpferei, Weberei), die sie selbst gebaut haben. Jeder, der neu eintritt, lernt vom anderen, in der Gruppe, der er zugeteilt ist. Es gibt einen Ausbilder, keine Aufseher. Die Kinder, Jugendlichen und Männer, die Teppiche knüpfen, verwirklichen ihre eigenen künstlerischen Entwürfe. In der Möbelschreinerei Dutzende von Gruppen; vor allem Handarbeit; würde man Maschinen verwenden, könnten nicht so viele eingestellt werden. Geschmacklich hat man sich auf die reichen Käufer eingestellt. In der Weberei – die Garne werden teilweise bezogen, aber auch selbst hergestellt – arbeiten vor allem Frauen. Mit Ausnahme der Gründerin und ihres Mitarbeiters kommen alle hier Tätigen aus der umliegenden Gegend, die durch besondere Armut geprägt ist. Ohne Vorbildung sind sie hierher gekommen – nun tun sie alles selbst: herstellen, verwalten, organisieren, disponieren. Die Räume sind nicht nur „sauber" und „ordentlich"; sie sind durch eine natürliche Schönheit charakterisiert. Man spürt, wie eine Ästhetik, die nicht aufgepfropft, sondern „gewachsen" ist, den Umgang der Menschen prägt. Es gibt keinen besonderen Leistungsdruck; die alten Frauen, die in einem Nebenraum die Garne sortieren, machen gern ein Nickerchen nach dem Mittagessen; niemand beanstandet es. Wir treten in eine andere große Halle: Hunderte von Kindern und Müttern sitzen hier; es ist kurz nach zehn Uhr; die Ausgabe des Mittagessens hat bereits begonnen; das Abendessen gibt es ab 16 Uhr. Jeder, der Hunger hat, kann kommen. Rund tausend Leute sind es pro Tag. Die Werkstätten erwirtschaften, was man für solche und andere Sozialleistungen braucht. Auf einem großen, benachbarten Gelände ist eben eine Keramikwerkstatt errichtet worden. Daneben entsteht eine Reihe von kleineren Häusern, die für Vorschulerziehung gedacht sind. Ein Altersheim ist geplant. Die Kinder werden ihre eigenen Werkstätten in Selbstverwaltung betreiben; sie werden spielend Spielzeug herstellen, wobei der Verkaufsertrag wieder in die kleine „Kinderrepublik" gesteckt wird. Zwei alte Eisenbahnwagen werden dafür in Eigenarbeit zu Ladengeschäften umgestaltet. Eine Lehrfarm soll demnächst geschaffen werden: ökologische Nutzung des Bodens; Fischzucht; Kleintierzucht und -haltung sind wichtige „Lehrgegenstände". Mit dem Ertrag kann man die „Armenspeisung" noch erweitern. Ein Zirkus wird das zukünftige Kulturprogramm beherbergen. Im Gästehaus können Besucher wohnen, die hier lernen, wie ähnliche Einrichtungen anderen Orts zu verwirklichen sind. „Unsere drei Gebote: Nahrung, Gesundheit, Liebe."

Er ist acht Jahre alt, steht am Rande der Kindergruppe und schweigt. Der Wortführer ist ein Vierzehnjähriger, der wegen eines dilettantischen Scheckbetrugs und anderer Gaunereien seine Jugendstrafe abbüßt. Wieder ein Gefängnis, diesmal in der Nähe von Brasilia. Man hat diese leichten Fälle in einem Häuschen mit kleinem Grundstück etwas außerhalb des Hauptkomplexes untergebracht. Bei etwa 30 % der anderen Insassen handelt es sich um jugendliche Mörder; Ausbruchsversuche sind häufig. Der Achtjährige taut nach einiger Zeit doch auf; er führt uns stolz zu seiner Pritsche im Schlafraum; sein Handtuch hat er auf der Decke wie eine Rose gefaltet. Dann will er uns noch seine Tiere zeigen; im benachbarten Hof haben die Kinder ein kleines Gehege. Er freut sich, als wir ein Foto machen. Wie es ihm hier gefällt? Gut. Er möchte bleiben. „Wir wissen nicht, was wir mit ihm anfangen sollen", sagt die Gefängnisleiterin; er wurde aus Versehen eingeliefert; von den Eltern ausgesetzt, irrte er in der Stadt herum. Ein freundlicher Passant gab ihm die Adresse des Gefängnisses. Eines Tages war er da. Nun behalten wir ihn, weil er nicht weiß, wohin er gehen soll.

China

Auf Plüschsofas in Kanton

In der britischen Kronkolonie (bis 1997, dann an China zurückgegeben, das der Stadt eine weitgehende gesellschaftliche und wirtschaftliche Autonomie bis 2047 zubilligte) bin ich mehrfach gewesen – meist nur kurz beim „Umsteigen" auf eine andere Fluglinie, die mich nach Australien oder Japan, auch in die USA brachte. Von einer etwas längeren Dauer waren zwei Aufenthalte, die mich mit der städtischen Kulturbehörde zusammenbrachten. Bei einem dieser Aufenthalte erfolgte auch ein vierzehntägiger Abstecher nach China (Kanton) mit der Einladung zu Gesprächen mit Kulturfunktionären. Wir, das heißt ich und ein Kollege aus dem Kulturausschuss des Deutschen Städtetags, wurden sehr freundlich empfangen und in einem für ausländische Gäste, also nach westlichem Standard betriebenem Hotel einquartiert; wir bekamen einen Begleiter zugewiesen, der uns auch in einer großen Limousine zu den verschiedenen Tagungs- und Besichtigungsorten fuhr. Er war – so stellte er sich vor – Dozent für Englisch an einer Hochschule, fungierte auch als Dolmetscher.

Jeden Morgen kam er mit dem Rad zu uns ins Hotel; das Auto stellte er für die Nacht am dortigen Parkplatz ab. Er freute sich, dass wir ihn fast immer, wenn der Terminplan es erlaubte, zum Frühstück einluden; auch beim lunch und dinner aß er mit uns im jeweiligen Restaurant. (Auf dem täglichen Programmzettel wurden die beiden englischen Worte verwendet.) Er genoss offensichtlich seine Betreuerfunktion. Daraus mussten wir schließen, dass es ihm wirtschaftlich nicht sehr gut ging. (Es war noch das China der Fahrräder; ein Auto sahen wir selten.) Die industrielle und wirtschaftliche Umwälzung, mit ihrem atemberaubenden Bauboom, hatte noch nicht stattgefunden; es handelte sich um die 1980er Jahre. Ich schäme mich bis heute, dass ich nichts von den Verbrechen der Kulturrevolution unter Mao Tse-tung wusste bzw. unter dem Einfluss der deutschen studentischen Protestbewegung nichts wissen wollte. Ich erfuhr erst viel später von den Leiden der diffamierten und verfolgten Menschen – und zwar durch die Studentin, die meine „Kulturgeschichte der Bundesrepublik Deutschland" ins Chinesische übersetzte. Ihre Familie war schlimmen Repressalien ausgesetzt gewesen, da sie „westlich" orientiert war.

Die Gespräche mit den chinesischen Kulturkommissaren erfolgten in einer bizarren Umgebung: In einem großen Konferenzraum, der wie ein Plüschwohnzimmer aus der Gründerzeit aussah. Wir saßen auf großen Sofas, auf denen weiße zierlich gestickte Schonerdeckchen lagen. Auf einem riesigen Tisch in der Mitte stand Teegeschirr; man konnte es aber vom Sofa aus schwer erreichen. Revolutionär war die Kleidung der Gesprächspartner: Der Mao-Look, an den wir von den Linken in der Bundesrepublik gewohnt waren. Niemand saß mit überschlagenen Beinen, sondern gesittet in „Reih und Glied". Beim Abschiedsessen war dann die Stimmung „gelockerter".

England

A nice cup of tea

Das erste Mal nach England (Großbritannien) kam ich 1951 als Student – für fast ein ganzes Jahr. In Bristol studierte ich Germanistik, vor allem bei Professor Closs; er war emigrierter Österreicher und hatte seinen Namen „Kloß" der neuen Heimat angepasst.

Nach langer Bahn- und kurzer Schifffahrt (von Calais über den Kanal) stand ich schließlich mit meinem schweren Koffer auf dem Bahnsteig in Dover. Auf der Suche nach einem Platz im Zug, der mich nach London bringen sollte, winkte mir aus einem geöffneten Fenster des Speisewagens ein weißhaariger Mann zu, der meine Unsicherheit wohl beobachtet hatte; er lud mich zu einer Tasse Tee ein. Nachdem ich mein Gepäck verstaut hatte, betrat ich den Waggon mit Teegeschirr auf weißen Tischtüchern gedeckten Tischen – freundlich empfangen von meinem Gastgeber. Bei einem längeren Gespräch in meinem holprigen Schul- und Universitätsenglisch lernte ich zum ersten Mal das fast rituelle Vorbereiten englischen Teetrinkens kennen. (Mit Zitrone oder Milch, Würfelzucker und Sieb.) „A nice cup of tea?" Diesen Satz als Frage hörte ich dann in regelmäßigen Abständen von meiner Zimmerwirtin in Bristol, die mich wie einen Sohn umsorgte.

England und der Tee: Ein kurzer historischer Exkurs sei hier eingeschaltet: Das Land mit dem höchsten europäischen Kaffeeverbrauch stieg im 18. Jahrhundert auf Tee um; 1750 betrug die Einfuhr etwa 40 Millionen Pfund, was eine Steigerung um mehr als das 200-fache bedeutete; (dazu kam dann noch die geschmuggelte Ware). Der englische Teehandel wurde zum Monopol der Ostindischen Gesellschaft, deren Bedeutung man daran erkennen kann, dass man sie als „Staat im Staate" bezeichnete. Der Tee wurde zwar, wenn man vom absoluten Gewicht ausging, teuer bezahlt, doch brauchte man eine viel geringere Menge als beim Kaffee, um ein gutes Getränk – etwa als Five o'clock Tea – zur Verfügung zu haben.

CABBAGE
CABBAGEC
ABBAGECA
BBAGECAB
CABBAGEC

Ein gemeinsamer Nenner für die Kaffee- und Teekultur besteht darin, dass in beiden Bereichen das Koffein die Stimulation des zentralen Nervensystems bewirkt, und beide Getränke zum Angebot der Kaffeehäuser in der damaligen und heutigen Zeit gehören. „Was gibt es Heimeligeres, Unspektakuläreres, Britischeres als eine schöne Tasse Tee? Man könnte aber auch umgekehrt fragen: Gibt es etwas weniger Britisches als eine Tasse Tee? – wenn man bedenkt, dass der Tee aus Plantagen in Indien oder China stammt und oftmals mit Zucker aus der Karibik gesüßt wird. Es ist eine der Ironien der nationalen Identität Großbritanniens – vielleicht aber sagt es auch alles über unsere nationale Identität aus –, dass ausgerechnet das Getränk, das zur weltweiten Karikatur von ‚Britishness' geworden ist, so gar nichts Einheimisches an sich hat, sondern das Ergebnis von jahrhundertealtem Welthandel und einer komplizierten Imperialgeschichte ist. Hinter der modernen britischen Tasse Tee stehen die hohe Politik des viktorianischen Großbritannien, die Geschichten vom Empire des 19. Jahrhunderts, von Massenproduktion und Massenkonsum, von der Zähmung einer industriellen Arbeiterklasse, von der Umstellung der Landwirtschaft ganzer Kontinente, von Millionen Menschen, die ihre Heimat verlassen mussten, und von einer weltweiten Transportbranche." (Neil MacGregor)

Von der englischen Tee- und Kaffeekultur profitierte ich auch dadurch, dass ich ein legeres, Kommunikation sehr beförderndes Universitätsklima kennenlernte. Immer wieder unterbrach Professor Closs die Vorlesungen bzw. das Seminar, und meinte, jetzt wäre „a nice cup of tea" oder ein Kaffee fällig; das führte dann dazu, dass er mit seinen Studierenden ins nahe gelegene Café zog (und dort auch blieb, bis der Unterricht zu Ende war).

Meine Zimmerwirtin versorgte mich, wenn ich anwesend war, auch mit dem Abendessen (dinner). Über die englische Küche sind ja viele Mal(Bon-)mots im Umlauf. Ich fand zwei bestätigt (von Voltaire das erste): Die Engländer haben zwar hundert Konfessionen, aber nur eine Soße. Und: In diesem Land gibt es nur drei Gemüse: cabbage, cabbage, cabbage (Wirsing, Wirsing, Wirsing).

Als Erika, meine Freundin und spätere Frau, mich für einige Wochen besuchte und englischen Freunden einmal zeigte, wie man in Deutschland Gemüse zubereitet, also nicht nur wie in England zum Beispiel die Wirsingblätter im Salzwasser aufkocht, meinten die Anwesenden, das schmecke zwar gut, mache aber zu viel Arbeit; man habe mit der Tee-Zubereitung genug zu tun. (Ich bin übrigens seit meinem Studium Tee-Trinker geblieben, aber mit Teebeuteln!)

Mit Erika durchstreifte ich die ganze Insel kreuz und quer; die schönsten Landschaften fanden wir in Cornwall, Wales und Schottland. Dass wir so viel herum kamen, war dem damaligen populären Hitch hiking – Reisen per Anhalter – zu danken. Da mit Erika ein freundliches Mädchen die Hand als Bitte zum Mitnehmen winkte (ich mich im Hintergrund hielt), mussten wir nie lange warten, bis ein Auto stoppte. Auf diese Weise lernte man viele, durchwegs freundliche Menschen kennen, die uns sogar vielfach zum Essen und Übernachten in ihre Wohnung mitnahmen.

Dass wir Deutsche waren und den Krieg entfacht hatten, unter dem Großbritannien sehr litt, schmälerte nie das Wohlwollen und die Hilfsbereitschaft, die uns zuteil wurden.

Ein Erlebnis prägte sich besonders ein. An einem Wochenende nahm uns in Cornwall ein sportlich gekleideter Mann in einem offenen Cabriolet mit, dessen Weekend-Vergnügen darin bestand, stundenlang durchs Land zu touren. Als er uns spätnachmittags in einem Fischerdorf an der Westküste absetzte, hatten wir die Landschaft in allen Richtungen kennengelernt. Wir hatten vor der Dunkelheit noch Zeit, ein Kliff zu besteigen und fanden oben, an einem Lagerfeuer und einem provisorischen Grill, eine Runde etwa Gleichaltriger, die uns einlud, sich zu ihnen zu setzen. Es waren Mädchen aus Neuseeland, Italien und Spanien, ein paar aus Australien und eine Französin. Was sie zusammengebracht hatte, weiß ich nicht mehr. Wir aßen, tranken und diskutierten bis in die späte Nacht. Nie wieder Krieg! Wir hatten Frieden und Freiheit vor uns. Das weite, rauschende Meer, das bis Amerika reichte, unter uns. Dann den Sternenhimmel über uns. Immer, wenn ich später die Europa-Hymne hörte – Beethovens Vertonung der Friedrich-Schiller-Verse: „Seid umschlungen Millionen! / Diesen Kuß der ganzen Welt! / Brüder – überm Sternenzelt / muß ein lieber Vater wohnen" –, denke ich an diesen glücklichen Abend. Wie fern liegt dieser Tag! Bei einem späteren England-Aufenthalt habe ich den Ort und Berg vergeblich gesucht.

Finnland

Gurrendes Gestotter

Aus Franken einfliegend. Sind das alles Karpfenweiher? Finnische Seenplatte. Ein Meer mit Zwischenwänden. Die Sprache gurrend. Die Gesichter wie nach überstandenem Gewitter. Ganz heiß. Fast zerspringst Du. Dann ganz kalt. Dann neuer Aufguss. Sauna. Helles Dunkel. Dunkles Licht. War da nicht ein Elch? Man ist irgendwo. Aber immer ein See. Auch die Fische langweilen sich. Warten auf Angel oder Netz. In Lappland legt man sich in den Schnee, um zu sterben. Bis wieder so ein Elch Dich wachleckt. Man trifft Leute. So freundlich. Und flüsternd. Was soll's? Ja, was denn? Sag's halt! Nochmals Sauna und… Versteh ich nicht!

Frankreich

Avranches

Von dieser Autoreise nach Nordfrankreich in den 1970er Jahren habe ich keine Aufzeichnungen bzw. sie sind verloren gegangen. Ich will sie aus der freilich sehr verschwommenen Erinnerung „rekonstruieren"; denn ihr Ziel war für meine Eltern und mich von geradezu existentieller Bedeutung.

Nach einem Vortrag in einer Stadt – ich vermute, dass es Caen war (vielleicht die Universität, wenn es dort eine gab oder ein Institut für Erwachsenenbildung) – wollten meine Frau und ich noch Avranches besuchen. Warum ich keine Straßenkarte kaufte, sondern glaubte, die Route nach Erkundigung bei meinem französischen Kollegen zu finden, ist mir ein Rätsel. Ich fand sie nicht und Erkundigungen blieben, da wir uns nicht Französisch verständigen konnten, erfolglos. So irrten wir mit dem Auto einen Tag lang kreuz und quer durch Teile der Bretagne und beschlossen dann, über Paris heimzufahren.

Auch das Flair der französischen Hauptstadt und die tröstenden Worte meiner Frau konnten meine enttäuscht-depressive Stimmung nicht aufhellen. Aber wir fanden ein nettes Hotel und genossen das Abendessen. Das war angenehm, denn sonst hätten mich – und das taten sie noch bei späteren Paris-Besuchen – die klaustrophobische Ängste heimgesucht, die von meiner ersten Reise nach Paris noch in mir steckten. Damals hatte man mich in einem „netten, kleinen Hotel" einquartiert, das aber nachts beim Schlaf schlimme Albträume evozierte; denn das Zimmer war voller Plüschmöbel und an den Fenstern hingen schwere Vorhänge, die Licht und Luft abhielten. Ich atmete – aber das war sicher eine Einbildung – modrige Luft. Das Ambiente wäre für einen Hitchcock-Gruselfilm geeignet gewesen.

Aber „zurück" zu Avranches. Der Name hatte uns 1944 signalisiert, dass nun die Hoffnung Wirklichkeit werden würde, dass das nationalsozialistische Staatszuchthaus zu Ende gehen würde und wir (vielleicht) noch ein Leben in Freiheit geschenkt bekämen. Am 4. August 1944 meldete der deutsche Wehrmachtsbericht von der Invasionsfront. „Im Ortsteil der Bretagne dringen die über Avranches nach Süden durchgebrochenen motorisierten Truppen des Feindes nach Süden und Westen vor..." Damit wurde auch von deutscher Seite bestätigt, was wir in der Nacht vorher vom BBC London gehört hatten (das Abhören des „Feindsenders" war immer riskant; wurde man entdeckt, drohte die Todesstrafe). Die Alliierten waren, wie mein Vater auf einer alten vergilbten Frankreich-Landkarte feststellte, weit ins Innere aus ihren Brückenköpfen vorgestoßen; die Invasion war gelungen.

Mein Vater war vom Kriegsdienst für ein paar Urlaubstage ins mainfränkische Königsberg gekommen, wo meine Mutter und ich, vor den Bombenangriffen auf Nürnberg evakuiert, bei den Großeltern lebten. Er, der seit dem Machtantritt Hitlers die Befreiung vom Verbrecherregime herbeisehnte, umarmte mich und sagte: „Hoffentlich kannst du das nun beginnende Ende des Nationalsozialismus noch erleben; dann wird für dich eine glückliche Zeit in einem demokratischen

Staat anbrechen." Und in der Tat: unsere Familie gehörte zu denjenigen, die noch einmal davonkamen. Im April 1945 erreichten uns die amerikanischen Truppen; auf einer furchtbaren Blutspur, die wir seit dem Sieg in Nordfrankreich nicht erahnt hatten. Nun begann für mich die Stunde Null; eigentlich eine Stunde Eins – der Beginn von Frieden und Freiheit. So viel Anfang war nie! Avranches ist für mich ein Synonym für den Anfang eines neuen Lebens, einer neuen Gesellschaft und dann eines neuen Staates geworden, basierend auf der Überzeugung, dass in der Demokratie alles gut sei, weil, was nicht gut sei, auf vernünftige, eben demokratische Weise verbessert werden könne. Und so begann auch mein Leben als Kulturbürger; denn Kultur würde die furchtbare Vergangenheit überwinden helfen.

Doch aus dem Nebel der Erinnerung tritt auch ein Menetekel mir entgegen, das die bittere Frage stellt, ob Fortschritt nur über einen furchtbaren Opfergang ermöglicht wird? (An vielen Soldatenfriedhöfen waren wir vorbeigefahren; der geschichtliche Irrsinn hatte hier die Gestalt weißer Kreuze – in „Reih und Glied".)

Griechenland

In einer abseitigen Laube

Bei Konferenzen der europäischen Kulturminister war ich als Vertreter des Deutschen Städtetags zweimal innerhalb eines Jahrzehnts, in dem ich Vorsitzender des Kulturausschusses des Deutschen Städtetages war: einmal in Oslo und einmal in Athen.

In der griechischen Hauptstadt tagte man in einem Verwaltungsgebäude, das man wegen seiner Sterilität nach dem täglichen Sitzungsende gerne verließ. Da ich an den Besichtigungsfahrten nicht teilnahm – ich hatte mein Sehenswürdigkeits-Interesse bei einem früheren Aufenthalt schon befriedigt –, schlenderte ich meist durch den nahe gelegenen alten Stadtteil und fand am nördlichen Abhang der Akropolis in einer Sackgasse eine kleine Kneipe mit einer von Wein- und Efeu-Bepflanzung umhüllten Laube. In deren Geborgenheit trank ich nun fast jeden Tag einen Abendschoppen und aß eine Kleinigkeit, die von dem etwa sechzigjährigen Wirtspaar in einer offen einsehbaren Küche in der Nähe zubereitet wurde. In der Stube saßen oft ein paar alte Männer meistens stumm vor ihren Weinkrügen.

Das erste Mal, als ich am groben Holztisch Platz nahm, memorierte ich einen Vers aus einem Gedicht von Theodor Storm: „Kein Hauch der aufgeregten Zeit / drang je in diese Einsamkeit.“ Zu Hause suchte ich dann den Originaltext. Er lautet (und bezieht sich auf ländliches Abseits):

Es ist so still; die Heide liegt
Im warmen Mittagssonnenstrahle,
Ein rosenroter Schimmer fliegt
Um ihre alten Gräbermale;
Die Kräuter blühn; der Heideduft
Steigt in die blaue Sommerlust.

Laufkäfer hasten durchs Gesträuch
In ihren goldnen Panzerröckchen,
Die Bienen hängen Zweig um Zweig
Sich an der Edelheide Glöckchen,
Die Vögel schwirren aus dem Kraut -
Die Luft ist voller Lerchenlaut.

Ein halbverfallen niedrig Haus
Steht einsam hier und sonnbeschienen;
Der Kätner lehnt zur Tür hinaus,
Behaglich blinzelnd nach den Bienen;
Sein Junge auf dem Stein davor
Schnitzt Pfeifen sich aus Kälberrohr.

Kaum zittert durch die Mittagsruh
Ein Schlag der Dorfuhr, der entfernten;
Dem Alten fällt die Wimper zu,
Er träumt von seinen Honigernten.
- Kein Klang der aufgeregten Zeit
drang noch in diese Einsamkeit.

Die von mir zitierten Zeilen stimmten für mein griechisches Abseits nicht ganz, denn man hörte als gedämpftes Rauschen den Verkehrslärm von der nahe gelegenen Staatsstraße.

Nach zwei Tagen galt ich als Stammgast, der ohne Bestellung Brot und Wein auf den Tisch gestellt bekam. Ich hatte eine Lektüre eingesteckt, aber in der Abendstimmung begann ich zu „verdämmern", ohne dass ich bei meinem „Nickerchen" vom Stuhl fiel. Es war ein idyllischer Zustand par excellence und ich war aller Schwerkraft entledigt. War ich deshalb nach Athen gereist? Die Laube eine Reise wert? Der panische Augenblick, da der Gott Pan schläft – seine Panikmache kurz einstellt –, sollte ubiquitär erlebbar sein. Dafür sollten die Politiker (nicht nur diejenigen, die für Kultur, sondern für den Menschen zuständig sind – also alle) sorgen und die Ressourcen für Lauben, auch Gartenhäuschen bereitstellen.

Terre des Hommes ist zu allen Zeiten und allerorten oberstes Gebot der Menschheits-Agenda!

Tel-Aviv
JSRAEL

Israel

Ins Land der Mären

Christi Geburt wurde auf den 24. Dezember erst Jahrhunderte später von einem Papst festgelegt.

Ställe für Tiere gab es in Israel nicht, Holz war knapp.

Der Stern von Bethlehem war, wenn überhaupt, eine Sternschnuppe.

Die Könige aus dem Morgenland sind Erfindung; auch der Kindermord des Herodes.

Maria wäre als uneheliche Mutter gesteinigt worden, wenn nicht aufgeklärte Juden zum Schutz solcher Frauen die „unbefleckte Empfängnis" erfunden hätten.

Stunde des Abflugs ins Land der Mären und großen Erzählungen.

Kann man, darf man touristische Gefühle haben, wenn man nach Israel fliegt? Lassen sich die Viehwagentransportzüge, die nach Auschwitz rollten, verdrängen, während die Boeing in die Wolkengebirge des Mittelmeers hineindröhnt? Wie weit kann die Unbefangenheit gehen, wenn man die Ghettoschicksale noch ständig vor Augen hat? Oder ist dies alles Bewältigungssentimentalität und sind jene besser dran, die zunächst eifrig Duty-Free-Waren einkaufen, damit sie in Israel wohlversorgt mit Zigaretten und Schnaps ankommen? Östlich die Routen der Kreuzfahrerheere, gesäumt mit Brandschatzung und Pogromen, westlich das Land, das einst – als römisches Imperium – Israel zum Zentrum des Leids und der Hoffnung auf Erlösung machte.

Stunde der Ankunft – Lod, das Standardgesicht mittelgroßer Flugplätze – in Neonlicht getaucht; wie üblich: Abfertigung der Pässe, Gepäckauslieferung, Zoll, wartende Menschen, die den Ankommenden zuwinken. Man spürt, dass erste Imponderabilien sich auswirken – wie hält man es mit dem Trinkgeld, wenn Juden Deutsche bedienen? Manche geben überreichlich. Urlaubserlebnisgekicher an der Abendtafel;

Sommernachts-Entspannung; eisgekühlte Drinks; Cocktailkonversation; Strandbadromantik; wenige Meter davon entfernt Überreste einer Kreuzfahrerburg – die Paradoxie ist mit Schwermut aufgeladen. Wenige Stunden genügen für gruppendynamische Beobachtungen. Randbemerkungen und Zufallsreflexe machen psychologischen Hinter- und Untergrund sichtbar. Einer meint angesichts hoher Preise, da könne man ja zum Antisemiten werden; ein anderer insistiert mit schwäbelnder Gemütlichkeit und klerikalen Untertönen auf einer rassischen Definition des Juden.

Herbst in Israel – 32 Grad im Schatten – stechender Föhn – aus dem Boden bricht die Dürre; dazwischen Mittelmeervegetation und die ersten Orangenhaine; Wüsteneien mit Schutt, Steinen, Papierfetzen und leeren Zementsäcken; Baugrubenstimmung; dann Bungalows; und wieder Gestrüpp, Sanddünen, die in die Bläue von Himmel und Meer übergehen. Die Silhouette von Tel Aviv taucht auf, 1909 von sechsundsechzig Familien gegründet, in den Sumpf hineingebaut.

Jerusalem – hoch droben auf den Bergen – religiöse Sehnsucht von Millionen von Menschen – Zentrum des Judentums, Christentums und der mohammedanischen Welt. Neben der Straße die Reste von Kreuzfahrerburgen, von römischen und byzantinischen Stätten, auf deren Fundamenten teilweise die modernen Siedlungen errichtet wurden. Wo einst die Ziegelfabrik einer römischen Legion stand, befindet sich auch heute wieder eine Ziegelfabrik. Der Sehnsuchtsweg nach Jerusalem ist mit Kriegen und Mordbrennereien gepflastert. In der Busladung säkularisierter Christen, mit denen ich mich der Stadt nähere, ist von Sehnsucht, Hoffnung, vom bevorstehenden „Bildungserlebnis“ kaum etwas zu spüren. Die Nichtigkeiten springen von Platz zu Platz; leichte Schnoddrigkeiten breiten sich aus und zerfließen in der Hitze; schale Witzeleien und das Klick-Klack der Kameras.

Ein Blick auf Haifa und die Bucht, vom Berg Karmel bei Nacht, gilt als eine der schönsten Stadtansichten der Welt. Warme Meeresluft evoziert verschwommene Gefühle; Wortklischees drängen sich auf: leuchtendes Mosaik, Perlenketten der Laternen, Leuchtkäfer der Autos. Dem Anblick der nächtlichen Stadt assoziiert sich das Erlebnis anderer Städte: New York und London, Atlanta und Prag, Zürich und Paris – pointilistisch auf Dias festgehalten. Im Leuchten der Städte liegt die Hoffnung auf Frieden. „Ich sehe die Lichter von Tel Lachish nicht mehr“, heißt es in einem Brief eines jüdischen Soldaten, der auf Außenposten die Zerstörung des jüdischen Ortes durch die Römer erlebte und so (eines der wenigen privaten Dokumente aus dieser Zeit) der Mitwelt überlieferte.

Einfahrt nach Sodom – ich erinnere mich an ein Bild aus meinem Religionsbuch: eine sich auftürmende Stadt, in violett und rot gehalten, über die das Feuer vom Himmel hereinbricht. Heute findet man an der vermuteten biblischen Stelle eine Arbeitersiedlung. In der Nähe sind neue, große Industrieanlagen im Entstehen; weite Flächen des Toten Meeres wurden durch Dämme abgetrennt, das Wasser wird zum Verdunsten gebracht und hinterlässt riesige Felder von Mineralien zum Direktabbau. Das Panorama ist von grandioser Öde, die Gesteinsschichten bieten, gegeneinander verschoben, einen urzeitlichen Anblick; Wadis haben tiefe Furchen gegraben; kaum ein Strauch; ein paar Vögel; keine Pflanze, kein Tier am Ufer und im Wasser. Der See hat einen Salzgehalt von 23 Prozent, alles hereinfließende Wasser verdunstet; beim Schwimmen schwebt man wie im schwerelosen Raum. Masada am Toten Meer war das letzte jüdische Widerstandsnest in den Römerkriegen; es fiel 73 nach Christi, die letzten Verteidiger begingen alle Selbstmord.

Geh nicht nach Nazareth! Die heiligen Stätten sind kommerzialisiert; wer auf Holy-Land-Tour ist, kann hier Josephs Schreinerwerkstätte, die Grotte der Verkündigung, die Küche der Heiligen Familie besuchen – alles überwölbt von einem riesigen Neobarockbau, bei dem die verkitschte Sentimentalität des hier Regie führenden italienischen Klerus am Werke ist. „Nazareth in zwölf Karten“, ruft der Araber, der sich an unsere Fersen geheftet hat und für seine Buntdruckserie hartnäckig einen Dollar fordert. Wo Maria zum Brunnen ging, ist das Mary‘s-Well-Café mit bunten

Lämpchen auf den Bäumen; hier kann man sich bei einem Drink erholen.

Frühstück in Tel Aviv, Mittagessen in Zürich; hochsommerliche Hitze beim Abflug, die Schweiz ist eingeschneit; das Thermometer zeigt einige Grad unter Null. Man sieht viele Flussläufe, Seen, Bäume – noch will man nach künstlichen Bewässerungsanlagen Ausschau halten, noch will man die Leistung bewundern, Bäume in trockenem Sand zu verwurzeln. Im Voralpenland öffnet sich die Schneedecke – man erfreut sich am saftigen Grün der Wiesen. Und immer wieder die dunklen Flecken der Wälder. Man erinnert sich an den Wunsch der deutschen Jüdin im baumlosen Beersheva: wieder einmal durch einen deutschen Wald gehen zu können, und man erinnert sich des großen Waldes bei Jerusalem, wo man sechs Millionen Bäume zur Erinnerung an die Opfer des nationalsozialistischen Terrors in den steinigen Untergrund pflanzte. Wenige Stunden später die ersten Meldungen vom großen Wahlerfolg der NPD in Hessen. Man ist wieder in Deutschland.

Italien

Mit Ski vor dem Vesuv

Von den vielen Italienreisen – mit der Familie vor allem – erregten wir bei einer in den 1970er Jahren größtes, jeweils lokales Aufsehen bzw. Hinsehen – nicht wegen eines Vortrags, sondern weil wir bei sommerlichen Temperaturen mit vier auf das Auto geschnallten Ski-Paaren von Nord nach Süd und zurück das Land durchquerten.

Wir wollten zu später Osterzeit noch in den Dolomiten Ski fahren und reisten über Meran an. Dort war es schon sehr warm und die Natur ein Blütenmeer. Da erfasste uns die Sehnsucht nach dem Land, wo die Zitronen blühn –

> Kennst du das Land, wo die Zitronen blühn,
> Im dunkeln Laub die Goldorangen glühn,
> Ein sanfter Wind vom blauen Himmel weht,
> Die Myrte still und hoch der Lorbeer steht?
> Kennst du es wohl?
> Dahin! Dahin...

wollen wir also ziehn. Wir beschlossen, weiter in den Süden zu fahren.

Das erste Aufsehen erregten wir beim Parken vor dem Hotel in Rom. Unser jüngerer Sohn stieg aus und wurde fast von einem herbei rasenden Auto nur deshalb nicht überfahren, weil er sich mit einem raschen Sprung zur Seite retten konnte. Der Fahrer war sicherlich durch den Anblick der Ski-Paare abgelenkt gewesen.

Die weiteren Stationen bis Neapel waren dann ungefährlicher, aber was die Aufmerksamkeit betraf, sich steigernd. Am höchsten wohl in einer kleinen Gasse in Neapel, wo wir ein idyllisches Quartier gefunden hatten, und auf dem Touristenparkplatz von Pompeij und Herculaneum.

Diese Reise erinnerte mich an einen Bericht von Oscar Wilde; er habe jahrelang, vor allem durch seine Gedichte (an denen er immer wieder „feilte"), ein Lesepublikum zu gewinnen versucht. Vergeblich! Dann sei er an einem Sonntag über den Piccadilly Circus zur „Promenadenzeit" spaziert und habe sich eine Sonnenblume ins Revers seiner Anzugsjacke gesteckt. „Next day I awoke and found myself famous."

Auf der Rückfahrt überzogen dann im Norden wieder „weiße Schleier die grünende Natur". Da wurde einem Fahrzeug mit Winterausrüstung keine Aufmerksamkeit zuteil.

Japan

Abendessen in Tokio

Er war einer der bekanntesten japanischen Germanisten. Bei einem seiner vielen Deutschlandbesuche hatte ich ihn kennengelernt. Nun lud er uns (meine Frau und mich) zum Abendessen nach Hause ein, was in Japan nicht häufig geschieht; also von uns als besondere Ehre empfunden wurde.

Im Flur der Wohnung zieht man die Schuhe aus; es stehen einfache Hausschuhe bereit. Der Gastgeber wirft einen Blick auf mein Schuhwerk und sagt anerkennend: „Ah, Salamander!" Er kennt sich eben in Deutschland aus, auch was Schuhmarken betrifft. Im Zimmer verbeugt sich eine Frau im Kimono vor uns, nimmt aber dann an einem kleinen Seitentischchen Platz, nicht am Esstisch, auf dem dann das Mahl von einer anderen Frau („Dienstmädchen", so stellt sie der „Hausherr" vor) serviert wird.

Wir bleiben befangen, denn wir blicken auf die Frau am Nebentisch. „Meine Ehefrau", sagt der Professor. Bei der Verabschiedung begrüßt uns dann, aus der Küche kommend (mit Schürze) eine junge Frau. „Ich bin die Tochter", sagt sie im besten Hochdeutsch; sie habe in Heidelberg studiert. „Ach, wie schade", meinte ich, dass sie nicht beim Essen und Gespräch dabei war. „Das ist nicht üblich bei uns", antwortet sie; lacht; ich meine, Tränen in den Augen zu sehen.

Jugoslawien

Euphorie auf der Insel

Die Anreise mit dem Auto war zwar lang, aber ohne Probleme. Einmal mit der Familie Tourist sein! Der Pavillon geräumig, sauber und preiswert. Selber kochen? Es gab viele Kneipen. Die kann man sich leisten. Alles friedlich. Die Katze sehr zutraulich. Sie hat den Bürgerkrieg überlebt. Und auch die Familie, in deren Lokal es so guten Fisch gab. Und ganz große rote Tomaten. Nach dem Essen traumloser langer Mittagsschlaf. Den Friedhof haben wir nicht besichtigt. Durch Zufall hörte ich jetzt, dass er wesentlich vergrößert werden musste, als Jugoslawien zerfiel. Und man den Nachbarn umbrachte. Auch auf der Insel Krk? Wir hatten ein Schlauchboot dabei; von dem aus die Kinder ins Meer sprangen. Das war blau. Blut hatte es nicht gerötet. War es wirklich so schlimm?

Auf der Insel Krk möchte ich wieder einmal schöne Tage verbringen. Aber die lange Reise solltest du dir nicht mehr zumuten. Trink Rotwein und bleibe zu Hause. Was sagt John Donne – ein Engländer, Dichter, schon lange tot: Jeder Mensch ist eine Insel. Aber das versteht man nur, wenn man zwei oder drei Sliwowitz gekippt hat. Nüchtern betrachtet, ist (vielleicht) besoffen am besten!

Kanada

Die grüne Wand

Kanada wurde mir zum Exempel, wie Vorurteile – hier gemeint als „Urteile“, die man vor der Erfahrung von Wirklichkeit fasst – die Wahrnehmung beeinflussen bzw. bestimmen. Ich erlebte Land und Leute im Osten und Westen. Ich war nach Toronto, Montreal und Quebec zu Vorträgen und Seminaren eingeladen. Aber zwischen den Terminen gab es Lücken, in denen ich im Osten der USA (Boston, Washington D.C. und zwei auf dem Land gelegenen Orten) mit renommierten College-Einrichtungen zu tun hatte. So pendelte ich vier Mal mit dem Flugzeug zwischen Kanada und den USA hin und her. Aus Gründen, an die ich mich nicht mehr erinnere, hatte ich mich vor Antritt der Reise besonders gut durch Lektüre auf Kanada vorbereitet, so dass ich ein festes Bild von dem Land hatte. Es ist nachhaltig bis heute, ich fand es damals von der Wirklichkeit bestätigt – vor allem durch die Städte im Osten. Die Realität spielte keine Rolle; so weiß ich nicht, ob meine Fixierungen authentisch sind bzw. ob es sich um eine „andere Wahrheit“ handelt.

Für mich sind die Kanadier nüchterne und doch auch sehr empathische, vor allem Immigranten gegenüber aufgeschlossene Menschen; naturlieb und für den Weltfrieden sich engagierend, zweisprachig (Englisch und Französisch), ökologisch sensible Staatsbürger, die Naturliebe und gemäßigte Modernisierung mit Globalisierung, auch Digitalisierung zu verbinden wissen. Und so erlebte ich dann auch die Realität – als Selffullfilling Prophecy, im Gegensatz zu den USA, in denen ich meine Träume von einer „schönen neuen Welt“ enttäuscht sah. Mit jeder Landung auf einem kanadischen Flughafen fühlte ich mich „befreit“ und beglückt, von netten Menschen empfangen.

Einen Eindruck von der Größe des Landes gewann ich mit meiner Frau bei einer Autofahrt entlang der Westküste, die schon in den USA begann. Links von uns das Meer, rechts meist dichter Wald mit teilweise gewaltigen uralten Bäumen. Als ich einen Farmer in einem einsamen Anwesen fragte, wo man zu Mittag essen könne, meinte er, wir müssten noch etwas weiter fahren – nach etwa 150 Kilometern erreichten wir dann ein Restaurant (an der Küste gelegen) mit einer Reihe gut ausgestatteter Blockhütten, in denen man übernachten konnte. Ein angenehmer Aufenthalt, bei dem man alles Benötigte in einem Drugstore kaufen konnte, neben der auch vorhandenen Tankstelle. Bei einer kleinen Wanderung in den (Ur-)Wald fanden wir uns bald jenseits aller Zivilisation. Die Schneise endete als „Holzweg“. Wir stießen auf eine grüne Wand, die alles Weiterkommen unmöglich machte. Die vermessene Welt war hier zu Ende.

Mexiko

Der Star-Philosoph kam nicht

Am Airport Mexiko-City begrüßte mich die Leiterin des Kulturpolitischen Kongresses, der in zwei Tagen mit Unterstützung der UNESCO stattfinden sollte, auf Englisch mit großer Freundlichkeit; ich hatte sie gleich erkannt, da sie ein großes Schild hoch hielt. Doch irgendwie schien sie nervös zu sein; sie musterte ständig die aus Paris angekommenen Fluggäste, die ihr Gepäck vom Fließband wegnahmen. (Ich war in Paris in ein Flugzeug der Air France umgestiegen und kam deshalb auch mit dieser Maschine.) Bald erklärte sie mir den Grund für ihre Unruhe. Sie hatte schon gestern den französischen Star-Philosophen erwartet, der die Eröffnungsrede halten sollte (er war auch in Deutschland gut bekannt); wieder war er nicht gekommen.

Der Kongress musste dann ohne ihn stattfinden. Das ihm zugeschickte Flugticket (1. Klasse) hatte er benutzt. Die Kongressleiterin erzählte mir dann, was ihre Recherchen erbracht hatten – mit Tränen in den Augen. Der Philosoph lernte während des Fluges eine offensichtlich hübsche Mexikanerin kennen und lud sie in ein Strandhotel an der karibischen Küste ein. Er sandte eine fadenscheinige Absage; dass er aus beruflichen Gründen nicht kommen könne. Als Europäer schämte ich mich für ihn; empört auch über seine Impertinenz, den Preis für das Flugticket nicht zurückzuzahlen. Sie könne den Skandal nicht öffentlich machen, sagte die bitter Enttäuschte; denn man werde nicht ihr, sondern der Berühmtheit glauben. Und dann vielleicht noch ein Verfahren wegen Verleumdung ihr anhängen. Auch ich gebe den Namen des Philosophen nicht preis, denn ich erfuhr ja alles aus „zweiter Hand" – habe jedoch keinen Zweifel am Wahrheitsgehalt des Berichts der mexikanischen Kollegin. Und die „Moral von der Geschicht'"? Wer berühmt ist, kann sich fast alles erlauben. Wahrscheinlich wurde die Affäre des Mannes in der Regenbogenpresse bebildert breit getreten. Die Paparazzi stehen mit „gezückter" Kamera immer bereit!

Da erinnere ich mich an eine Fernsehsendung in Deutschland, an der ich teilnahm. Der Moderator hatte den ganz großen S. verpflichtet. Die Quote wird von der Anwesenheit des Weisen, der von den Höhen seiner Philosophie auf Grund extraordinärer Honorierung ins Studio herabgestiegen ist, enorm profitieren. Man umkreist ihn in allen Feuilletons. Er hat wichtigen Diskurs entfacht. Wer etwas auf sein intellektuelles Outfit hält, zitiert ihn. Überall wird über ihn, mit ihm getalkt. Hier ist endlich einer, der das Nichtdenken zerdenkt oder so ähnlich. Ob der große S. wirklich kommen wird, bleibt bis zum letzten Augenblick offen; schließlich geleiten ihn Handy bewehrte kurzröckige, leuchtend blickende Assistentinnen zum Televisionssessel. Das Flugzeug leider verspätet; (er kam schon Stunden vorher mit dem Zug an). Im Hotel zunächst unauffindbar; er verschlang noch Diverses im Restaurant. Die Übertragung läuft an. Was aber, wenn diese Nacht ein Koronargefäß sich verschlösse und der mythenschwere Kopf ins Nichts versänke? Der nächste ganz große S. steht längst bereit. Und im Weltall tummeln sich Milliarden von Milchstraßen weiter.

Den Jahrmarkt der Eitelkeiten, den der Kulturbetrieb oft bedeutet, habe ich vielfach erlebt; und dabei wohl auch mitgemacht, mitgespielt. (Ich muss es gestehen und will es bereuen.)

Etwa hoch über Bogotá.

Guten Tach! Welche Überraschung, Sie hier zu sehen. Die Parasiten, die sich vor allem im Herzmuskel einnisten, sind hier, hoch über Bogotá, kein Problem. Gefährden die Menschen in den Favelas. Unvorstellbar der Dreck. Ja, den kenne ich. Sehr amüsant, sehr geistreich. Wir saßen lange beim Wein zusammen, also die Weine sind hier ein Problem, übrigens auch der Eisschrank; man gewöhnt sich daran, alles kalt aus dem Eisschrank zu essen, deshalb vielfach Gastritis. Ein sehr gebildeter Mensch. Wie er das letzte Mal bei uns war, eine lecture über Thomas Mann. Nein, damals waren wir noch in Persien. Jedenfalls, kulturelle Beziehungen sind notwendig. Bei den Dienstboten hatten wir schon den dritten Wechsel;

die Leute können sich nicht an europäische Zeitvorstellungen gewöhnen. Hoch über Bogotá. Die Herzmuskelkäfer kommen eigentlich nur in Häusern mit Strohdächern vor. Ich hatte eine leichte Fettleber, Sie wissen schon, der viele Alkohol bei den Partys. Im Sommer sind wir dann einige Wochen in Deutschland. Guten Tach! Würde mich sehr freuen, Sie wiederzusehen.

Bei einer Preisverleihung: Verdientermaßen hat K. M. die bedeutende Auszeichnung bekommen. Ein proletarisches Ur-Genie. Total elementar. Man trifft sich vorher. Küsschen links, Küsschen rechts. Nur ein ganz kleiner Kreis. Nichtentfremdete. Übrigens wir haben die Heizung ganz auf Holz umgestellt. Heute morgen noch Schneeschippen, vor dem Bauernhaus. Man weiß dann, was Leben wirklich ist. In New York ist das einem aufgegangen. Oder vielleicht in London. Man kennt Tokio. Rothändle. Die fulminante Rede von E. M. Wirklich radikal. Man kann sie doch nachlesen? Ein großes Blatt bringt sie am Wochenende. Gesagt wird es den falschen Linken und den Rechten. Das Essen ist so lala; wir gehen eigentlich nur noch zu Fillippo; seine Soßen! Tschüs! Teenagerfrische Freundinnen. Dies ist Rita, grüß dich! Bis zur nächsten neuesten Stimmung im Westen! ...

Dann vielleicht in einem Nobelrestaurant: Unheimlich schön hier. Irgendwie fetzig. Beim Aperitif Hallo Partner aber betucht sollst du schon sein wenn die Gespielin sich an deine weißen Schläfen hängt. Tolle Gespräche natürlich nicht über Wetter sondern über Autos und Theater. Über was neu und so in ist. Den Kunstmarkt. Denn der Wirt ist Galerist. Sagt man da „Herr Wirt"? Überall herrliche Balken, ein ganz altes Bauernhaus. Kerzenschein. Wahrscheinlich doch kein altes Haus. Im Kerzenschein ist das ja gleich. Die Balken aus alten Scheunen montiert. Von einem postmodernen Kölner Architekten frisiert. An den Tischen Jungmanager mit Frauenträumen und Traumfrauen. Die sich mit den Kellnerinnen vergleichen. Denn die sind Klasse. Natürlich sind das gar keine Kellnerinnen. Studentinnen. Rührend unbeholfen. So schön naiv beim Servieren. Vielleicht Schülerinnen. Wie aus dem Schulmädchenreport. Aber natürlich ganz dezent. Draußen stehen Porsche. Wahrscheinlich doch Kellnerinnen. Im Umkreis lauter Bauernhäuser von Ärzten und von Professoren der benachbarten Universität. Die sitzen in bunten Raummustern. Der Wirt führt dir nebenbei die neueste Akquisition vor. Ein Riesenstrauß von Lilien aber so ganz anders irgendwie weißt du irgendwie Klasse so ganz gekonnt naiv richtig süß. Neue Gäste – küssen sich links rechts – und beim Abschied wird nochmals geküsst. Speisekarten handgeschrieben. Schnee auf dem Pflaster draußen den sollst du mit großen Augen durch die Scheiben beäugen. Geradezu widerwillig bringt der Wirt die Rechnung das Nebensächlichste von der Welt denn das ist ein Überbau-Restaurant, da wird alles, was Unterbau, in die Serviette gesteckt. Tschüs. Das nächste Mal wie immer. Ja ja hier lässt sichs leben.

Ach, da aß ja manchmal auch der aus dem Verwaltungsrat des Museums, dem er – dem Museum – sehr verbunden war. Und deshalb versäumte er auch keine Verwaltungsratssitzung; was nicht einfach war; aber man nahm Rücksicht auf seinen Terminkalender. An irgendeinem Tag ging es schon; er kam von Rio de Janeiro zurück, noch ehe er nach Rom musste; im März wäre es noch schwieriger gewesen, da er dann in Japan war. Er hatte sich, trotz seiner fünfundsechzig Jahre, ganz jung erhalten; zwei Hemden am Tag, aber keines je durchgeschwitzt; in der Unterschriftenmappe nur das Allerwichtigste; aber dieses dann wirklich gewichtig; ein Telefonat von ihm konnte eine ganze Denkschrift ersetzen. Bei der Verwaltungsratssitzung steckte er sich eine Nelke ins Knopfloch oder eine andere Blume; keiner küsste beim abendlichen Vortrag den Damen die Hand so galant wie er. Im letzten Jahr hatte er keine Zeit, seine Jagd in Tirol auch nur ein Mal zu besuchen; aber sein Förster ist ein hervorragender Jäger und Heger. Ich könnte soviel Hetze nicht ertragen, meinte Frau von S. Die Gattin lächelte verständnisvoll; sie hatte ein fränkisches Schloss in die Ehe eingebracht; Kunstschätze, noch nicht wirklich erschlossen. Eine Volontärin des Museums arbeitete einige Wochen dort und brachte dann wertvolle Erkenntnisse mit zurück. Er war dem Schönen so aufgetan wie wenige und er war gemäßigt progressiv. Er hatte Verständnis für vieles, wofür Museumsleute sonst nicht Verständnis haben. – In Tirol erwarb er einmal eine Madonna aus dem 16. Jahrhundert, fürs Museum; er stiftete sie; ein Prachtstück, an das er ganz billig herankam, da er ein Gespür für Werte hatte, weshalb der Preis gering war. Er trank Orangensaft, keinen Alkohol; vom Steak ließ er die Hälfte stehen; und rauchte, während er mit wenigen Worten, auf die alle hörten, das Notwendige aussprach, genussreich eines von den Zigarillos, die er in einem Etui – kein Erbstück, ganz billig eigentlich – mit sich trug. Im Dienstwagen fuhr er neben dem Fahrer; dieser trug keine Mütze; man wusste gar nicht, dass es ein Fahrer war; man konnte aber mit Sicherheit annehmen, dass er einen Fahrer hatte. Die eine Tochter lebte in Ottawa, die andere in Kapstadt. Ein Sohn studierte Sinologie. Im Dritten Reich war er nur ehrenhalber in der SS; ferner im NSKK. Bei der Reiter-SA. Aber alles nur so nebenbei; bei ihm gingen einige der Verschwörer des 20. Juli ein und aus. Beim Spruchkammerverfahren wurde er entlastet. Er hatte keine Freundin. Die Gemahlin attraktiv. Getrennte Schlafzimmer, versteht sich. Die FAZ brachte zwölf Todesanzeigen. Der Museumsdirektor sprach von einem schweren Verlust. Beim Essen im Kreuzgang war dann von ihm nicht mehr die Rede.

Sehr oft traf ich nette Leute, die in oberen Etagen zu Hause sind. Diese Leute mit ihrem aktiven Blick schwitzen wohl nie haben meist eine jetzige Frau einen jetzigen Mann aber die Kinder aus erster zweiter dritter Ehe vertragen sich recht gut sind mal dort mal da zumal man sich freundschaftlich getrennt hat oder nach einiger Zeit wieder eigentlich mag. Diese Leute haben Kinder wie zum Beispiel Amadeus der musikalisch ungemein begabt jetzt eine ganz scheue zarte Freundin hat. Die Kinder dieser Leute trampen zum Beispiel in den Tundren Kanadas vereinbaren einen Segeltörn bei dem man richtig gefordert telefonieren braucht Carla nicht wenn sie allein in Südfrankreich man kann sich verlassen hat ja einen Kurs in Selbstverteidigung gemacht. Diese Leute haben keine Sorge dass sie einen wichtigen Anruf versäumen wenn sie einsam in einer Hütte hoch droben. Da gibt es nur Wasser aus dem Brunnen. Diese Leute tragen Schmuck der zum Haar und zum Pulli total gut passt die Boutique ist klein aber man wird so persönlich bedient hat eine tolle Figur sie haben gebräunte Männer ohne Bauchansatz geläutert denn Sturm und Drang liegt hinter ihnen; erste weiße Haare. Diese Leute laden einen so mirnichtsdirnichts ein in ihrem Haus zu übernachten da muss nichts vorbereitet werden du machst dir doch deinen Kaffee selbst denn Ivonne muss morgen zu einem längst vereinbarten Frauentreff wie man mehr für die Lesben tun kann und ich du weißt schon die Redaktion muss mich mal wieder sehen. Diese Leute sind meist freiberuflich verdienen ohne Mühe dass es reicht und noch etwas mehr sind eigentlich grün aber nicht dogmatisch. Diese Leute haben ihre Kneipe um die Ecke und kennen einen hervorragenden Italiener in sagen wir Sauerlach fahren meist mit dem Rad umarmen einen weil man sich so lange nicht sah und möchten einen doch viel öfters sehen aber da wandern sie gerade querfeldein irgendwo im Bayerischen Wald die Karibik hat man satt ja vor 20 Jahren. Diese Leute sind furchtbar nett.

All diese Personen gibt es real gar nicht. Ich habe sie nur ständig getroffen. Ja, so ist eben dieser Philosoph, sagen sie, verzeihend lächelnd. Na ja! Aber ungemein geistreich. Man war selber einmal jung. Übrigens er wird jetzt bald fünfzig. Da sollte man schon etwas gesitteter sein. Jetzt stoßen wir einmal an... Da knallen die Korken.

Neuseeland

Die Bettdecke

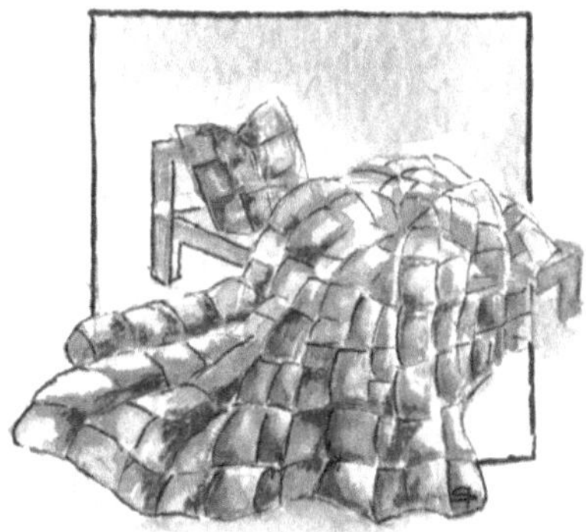

Der Ort ist übrigens in den Schulbüchern von Neuseeland vermerkt. Damals, 1888, begann eine neue Ära. Die Schafe, die nach Dunedin auf die ersten Gefrierschiffe geliefert wurden, schlachtete man hier. So blieben sie frisch für englische Dinners. Im Heimatmuseum riecht's kühl. Die aufgeschlitzten Schafskörper nur noch auf Fotos. Im Nebenraum schliefen die Arbeiter. Auch er. Dessen Bettdecke es mir angetan hat. Ich spreche von dem da, berüchtigt, so schlimm war es freilich auch wiederum nicht, immerhin stadtbekannt; wenn er zugriff, dann flutschte es, sachgerecht den Lämmern und Schafen die Gurgel durchschneiden, aber abends ... die Kinder auf der Straße ihm spielend nachtorkelten, wenn er schon um sechs Uhr voll aus dem Pub herauswankte. Im Delirium erträgt man ein solches Massenquartier ja besser. Mit den anderen röchelnden stinkenden sich herumwälzenden Landstreichern morgens wieder zur Arbeit getrieben werden gleich hinausfliegen wenn man nicht pariert. Auf dem Foto steht er halb links ganz verschwommen. Seine Bettdecke ist ausgestellt. Wie das Prachtgewand eines Königs oder Fürsten ist sie ausgespannt, dass man all ihren Glanz sehen kann lauter Flecken, zusammengesetzte Lumpen, ein Lump auch er – nicht dass ich es so meine, aber so waren sie nun einmal angeschrieben die Saisonarbeiter die die Tiere aufschnitten und abhäuteten. Zusammengestückt ist sie aus lauter Kleidungsresten; in der Mitte ein Baby-Höschen natürlich ließ er es irgendwann irgendwo mitgehen und flickte es darüber wo die Decke dünn geworden. Denk dir mal das Kind wie sich‘s im Höschen wohlfühlt und nun hat‘s die Mutter waschen müssen flattert auf der Leine und der packt es, das süße Kind strampelt am Abend ohne sein Höschen und dieser schon über Berg und Tal der näht es auf seine schmutzige Decke und ist selbst eine schmutzige Seele aber nachts, wenn durch die zerbrochene Fensterscheibe ein Stern scheint, hat er sogar einmal geweint und sich mit der Decke just mit dem Höschen auf das das Kind einst gesabbert hat war ja wieder sauber den Rotz von der Wange gewischt. Ich kann seinen Namen ist er doch namenlos gar nicht kennen.

Polen

Endstation

In Krakau war ich des Öfteren und dann auch im nahe gelegenen Auschwitz – allein oder mit Gruppen. Die polnische ehrwürdige Metropole, durch die Nähe zum Vernichtungslager schuldlos stigmatisiert, ist Partnerstadt von Nürnberg, der Stadt der ehemaligen nationalsozialistischen Reichsparteitage und der Gesetze, welche die Diskriminierung der Juden zu legalisieren suchten.

In Birkenau ist über Leid und Tod, Qual und Mord Gras gewachsen; die Kamine der Baracken stehen noch: Stelen, die von ungeheuren Verbrechen künden. Die Rampe – Ankunftsort für die Opfer des Völkermords. Der Schritt im weichen Boden über Knochen und Schädel hinweg. Birken sind gewachsen. Das Entsetzen kennt keine Worte. Die Schreie verstummen. Glaubst Du noch an einen gütigen Gott?

Verlässt man die Gedenkstätte, warten die Busse. Andenken kaufen. Eis lutschen. Die Trauer lässt sich nicht mehr weinen.

PORTO

Portugal

Peinliche Nacht

Porto. Flughafen. Nach der Begrüßung bei der Ankunft durch den mich empfangenden Museumsdirektor sagte dieser, mit wortreichen Entschuldigungen und Begründungen verbunden, dass man für die erste Nacht meines Besuches kein adäquates Hotelzimmer gefunden habe (ich blieb drei Tage) und deshalb mich bitte, einmal im Museum zu übernachten.

In einem Saal dort hatte man ein bequemes Bett aufgestellt, mit einem Tisch, auf dem eine Lampe stand. Nach einem üppigen Abendessen, bei dem ich viel trank, wollte ich mich wohlig im Schlaf entspannen. Aber das verhinderte, was mit Recht „Notdurft" genannt wird. Auf der Suche nach einem WC irrte ich durch einige Räume des Hauses; ich fand meist keinen Lichtschalter – nur erleuchtet durch Straßenlampen, deren Licht durch die großen Scheiben der Ausstellungsräume drang. Ich kehrte ergebnislos in meinen „Schlafsaal" zurück und bediente mich hier einer historischen Schale, die inmitten der großen Bilder historischer Persönlichkeiten stand. Dabei bekam ich eine leichte Kolik – ich hatte ein paar Wochen vor der Reise an einem Nierenstein gelitten. Die Aufregung und viel Flüssigkeit beim abendlichen Mahl hatten wohl die Absonderung bewirkt. Als mich ein Museumsbediensteter am Morgen aus tiefem Schlaf weckte, war mir die Erklärung meines Malheurs sehr peinlich. Er lachte und führte mich mit der Schale in der Hand zur Toilette, die ganz in der Nähe, verbunden mit einem Badezimmer, lag; man musste eine Tapetentür öffnen, die ich nachts nicht entdeckt hatte.

TAXI

SPANIEN

Verfehlter Flughafen

Eine Aufregung stand mir auch in Madrid bevor, wohin ich nach drei Tagen von Porto aus weiterreiste.

Nachdem ich meinen Vortrag gehalten hatte, bestellte ich am darauffolgenden Morgen ein Taxi, das mich vom Hotel zum Flughafen bringen sollte. Wahrscheinlich sagte ich zum Fahrer, der kaum Englisch verstand, fälschlicherweise nicht „airport“, sondern „airfield“. Er dachte also an ein „Feld“ und suchte sich ein passendes Ziel dazu. Mir fiel auf, dass die Straße zum Flughafen so wenig befahren war; zudem bestand der vermeintliche Flughafen aus riesigen unfertigen Hallen und Gebäuden, die von Bauzäunen umgeben waren. Ich befand mich offensichtlich – das Taxi war inzwischen weggefahren – auf einem Gelände, auf dem eine Industrieanlage oder ein Einkaufszentrum entstand. Es war Sonntag, also keine Arbeiter in Sicht. Ich fand jedoch eine kleine Gruppe Menschen mit gelben Schutzhelmen, die eine Besprechung abhielten und über ein Telefon, das schon installiert war, ein weiteres Taxi bestellten; nun zum richtigen Flughafen. Meine Maschine war inzwischen abgeflogen. Jetzt konnte ich auch meine Frau von meinem Missgeschick verständigen; denn ich kam mit einer anderen Maschine wesentlich später an. Mobile Telefone gab es nur selten; das Zeitalter der Handys und I-phones war noch nicht angebrochen.

Eine spätere Madrid-Reise verlief dann angenehm, also ohne Pannen. Meine Frau konnte mitkommen; wir besuchten auf einer Rundfahrt historische Stätten und Städte. Beim Kongress, der sozialpsychologischen und soziologischen Themen gewidmet war, lernte ich einen Psychiater kennen, mit dem ich mich immer am Ende der Vorträge und Gesprächskreise unterhielt. Er gab viele Anregungen – ich schrieb damals an meinem Buch über Sigmund Freuds gesellschaftskritische Abhandlungen.

Südkorea

Verloren in der übergroßen Stadt

Die Einzelheiten des Aufenthalts – in Zusammenhang mit einer „Weltumrundung" von Ost nach West (nächste Station war Hongkong, dann Thailand) – sind im „Erinnerungsnebel" versunken. Daraus tauchen nur noch einige Bilder auf: Man fuhr mich weite Strecken durch die Stadt zu Veranstaltungsorten. Immer wieder kleine Häuser zwischen Wolkenkratzern. Viele Menschen in schneller Bewegung, wie ein überdrehter Film. Flirrende Leuchtreklamen. Überall Restaurants und Essbuden. Ein Ameisenhaufen, in dem ich jede Orientierung verlor. Eine der bestes Hochdeutsch sprechenden Lehrerinnen, die mich betreuten, erzählten mir von einem Zeitungsbericht, der kürzlich erschienen sei: Dass ein älterer Mann erzählt habe, er sei als Kind im Gewühl von der Hand seiner Mutter weggerissen worden und habe dann nie mehr heimgefunden. (Die meisten Straßen hatten damals keine Namen; er wusste also keine Adresse.) Er wurde in ein Waisenhaus eingeliefert. Aber die anonyme, unüberschaubare Größe der Stadt – „eine Anhäufung von Einsamkeiten" – werde damit deutlich. Einigermaßen ruhig seien nur noch die Friedhöfe. Zunehmend herrsche auch dort keine Stille mehr.

Eisige Erstarrung ergab der Blick durchs Fernrohr auf Nordkorea. Man brachte mich an die Grenze mit einem Kleinbus; das war eine geradezu obligatorische Reise für ausländische Gäste. Auch davon nur noch Erinnerungsfetzen.

Ich verließ das Land fast in Panik, was aber einer nicht objektiven temporären Stimmung geschuldet war. Was Rainer Maria Rilke die „Angst der übergroßen Städte" nannte, hatte mich hier überfallen und heimgesucht. Ich fand keine Furche, in die ich mich hätte einnisten können. Ich genoss die Mitteilung des Flugkapitäns nach dem Abheben der Maschine in den blauen Himmel – der Smog lag schon unter uns –, die Sitzgurte könne man jetzt abschnallen. Wie paradox: Erdhaftung, einige tausend Meter über der Erde. Found by flight.

Thailand

Vorbereitung auf Bangkok

Auf dem Flug nach Bangkok stimme ich mich auf Thailand ein, indem ich Zeitungsausschnitte der letzten Monate lese. Da ist etwa die Geschichte von Puen, die aus Bangkok in ihr Dorf im Nordosten Thailands zurückgekehrt ist und nun von einem Reporter aufgesucht wird: Todmüde, abgemagert, die Beine mit Geschwüren bedeckt, kauert sie auf dem Bambusboden des elterlichen Hauses; ein trauriger Schatten nur von jenem zwölfjährigen Mädchen, das ein halbes Jahr zuvor mit zehn anderen Kindern in die Hauptstadt geschickt worden war, um in einer Fabrik zu arbeiten. Dort durfte sie während der Arbeit mit niemandem sprechen; wer den Mund aufmachte, bekam Schläge; schweigend hatte sie die Einzelteile von Neonlampen zusammenbauen, Drähte aneinanderfügen und mit den Zähnen die Kunststoffisolierung von Kabeln aufbeißen müssen, was einen bitter-giftigen Geschmack hinterließ. Puen war ins Niemandsland der verkauften Kindheit geraten, wie Hunderttausende von gleichaltrigen Jungen und Mädchen...

Noch schlimmer das Schicksal der „Mädchenblüten", die im Prostitutionsgeschäft verwelken. Allein in Bangkok und Chiang Mai, den beiden größten Städten des Landes, sollen etwa 30.000 minderjährige Mädchen in diesem Gewerbe tätig sein; sie kommen meist aus den armen, ländlichen Regionen. Von den Eltern werden sie (etwa um 200 DM) an die „Arbeitsvermittler" verkauft. Mehrere Jahre lang erhalten sie dann außer kostenloser Unterkunft und einem kleinen Taschengeld nichts mehr. Und natürlich exportiert man auch die „Samtkätzchen aus Siam".

Ich höre, dass der Reporter, der vor längerer Zeit das Verhalten deutscher Männergruppen, die in Bangkok sich „ausleben", aufdeckte, gerade wieder im Lande ist; nun arbeitet er freilich für eine Touristenzeitschrift. Vermutlich wird die „story" diesmal anders ausfallen.

Die thailändischen Deutschlehrerinnen, die sich einmal in der Woche im Goethe-Institut zur Fortbildung versammeln, haben ein sublimes Verständnis für deutsche Kultur. Es ist jedoch in dem mit mir anberaumten Seminar schwer, die anerzogene Zurückhaltung der Teilnehmerinnen wenigstens punktuell zu durchbrechen. Diskutieren, Problematisieren ist kein Erziehungsziel; Autorität (etwa das Ministerium) hat das Sagen; doch gibt es ein feines Gespür für Kompetenz. Erst im Einzelgespräch kann die Zurückhaltung gelockert werden.

An einem freien Nachmittag die obligatorische Tempeltour. (Wir passieren eine Baustelle, auf der eine neue Bank mit dem Aussehen eines Roboters entsteht.) Die Buddha-Anhäufungen irritieren mich, so wie mich das spanisch-katholische Barock in Malaise versetzt. Die aufgetürmten, vielgiebeligen, farbenprächtigen Verdinglichungen religiöser Sehnsucht stoßen mich ab. Ich empfinde die Tempellandschaft als eine Landschaft von Mausoleen. Abbröckelnde zerfallende Stelen. Oben wachsen Gras und Sträucher. Ein räudiger Hund umkreist uns. Vor einem Altar ein Fernseher; einige Kerzen liegen herum; sonstiges Hauszeug. Diejenigen, die kein Obdach haben, finden Zuflucht im Tempel und werden – welch schöner Zug! – dort belassen. Der liegende gigantische Buddha, achtundvierzig Meter lang und fünfzehn Meter hoch, wie eine Riesenheizungsröhre; sein Gold blättert ab; in einem der vielen Abschnitte der Umzäunung liegt ein hoher Haufen von Zivilisationsmüll. Nirwana. Überglänzte Alpträume für denjenigen, dem die Welt sich nicht in Gelassenheit darbietet.

Ich sehne mich ins Seminar zurück. Ablenkender Diskurs.

USA

Per Schiff in die Staaten

Meine erste Reise in die USA (1962) fand per Schiff statt. Ich fuhr von Southampton nach New York mit der „Queen Mary“, einem der berühmtesten britischen Ozeandampfer (80.774 BRT). Damals gab es noch einen fahrplanmäßigen Verkehr über den Atlantik.

Eingeladen hatte mich und fünf weitere Pädagogen eine Stiftung, die der Sozialphilosoph und führende Kopf der Frankfurter Schule Max Horkheimer eingerichtet hatte; wir sollten das amerikanische Erziehungswesen kennenlernen. Ich teilte die Kabine mit Dieter Sauberzweig, der mir dann zu einem der besten Freunde wurde (er war später Beigeordneter für Schule und Kultur im Deutschen Städtetag, in dem ich mehrere Jahre Vorsitzender des Kulturausschusses war). Bei der Seefahrt trafen wir uns das erste Mal.

Abgesehen von zwei Tagen, an denen ich wegen eines stürmischen Wellengangs im Kanal seekrank war, genoss ich den großen Luxus, der uns an Bord geboten wurde. Die tägliche Speisekarte zum Beispiel war im Großformat vier Seiten engzeilig mit gastronomischen Angeboten bedruckt. Bald waren wir so überfüttert, dass wir uns der Üppigkeit verschließen mussten. Das Ambiente – die vielen Gesellschaften, Salons, Restaurants und Bereiche für Kultur und Sport (u.a. ein großes Theater) – war im Stil der britischen Oberschicht edel eingerichtet. Hier lernte man den schwimmenden Kapitalismus in höchster Vollendung kennen. Und er zerschellte nicht wie die „Titanic“ an einem Eisberg, sondern brachte uns nach Tagen der Erholung an der Freiheitsstatue vorbei ins Land der unbegrenzten Möglichkeiten.

So empfanden wir es, die wir, selbst Wirtschaftswunderkinder, die Modernisierung und Amerikanisierung der Gesellschaft auf ihrem Zenit (inmitten von faszinierenden Wolkenkratzern) als rasante Urbanität staunend erlebten. Eine gewisse Ernüchterung ergab sich, als wir einige Tage nach der Ausschiffung durch Harlem spazierten.

USA

Welcome and Farewell

In keinem Land (Staat) war ich wohl so oft wie in den USA; nach meinen Aufzeichnungen wohl über zwanzig Mal. Aber dann machte ich mir gar keine Notizen mehr, denn die Eindrücke wiederholten sich, auch wenn sie immer wieder neue Gestalt hatten: Die ungemein gepflegte Atmosphäre der Universitäten (etwa Harvard oder Berkeley), die Faszination der urbanen Großstädte wie New York, San Franzisco oder New Orleans, der unsägliche Provinzialismus der Kleinstädte im mittleren Westen, die grandiosen unberührten Landschaften, etwa des Gebirges in New Mexico. Ein Land, nicht nur der unbegrenzten Möglichkeiten, sondern auch der krassen Widersprüche.

In den USA wollte ich studieren; aber ein Stipendium blieb mir versagt. Dann kam ich dank Max Horkheimer 1962 zum ersten Mal – als Pädagoge – in das Land, das mir wie ein Dorado der freiheitlichen Erziehung „vorschien". So erlebte ich es auch vielfach; aber öfters als eine Fata Morgana, Fantasie, Kreativität, Spontaneität auf der einen Seite. Seit ich 1945 Cole Porters Song „Don't fence me in" im Sound von Glen Miller das erste Mal im „Radio Munich" gehört hatte, sehnte ich mich immer wieder nach dem Neuen in der Neuen Welt – wie Goethe es Lenardo im „Wilhelm Meister" (den Anführer der „Fortwandernden") sagen lässt: „Eilen wir deshalb schnell ans Meeresufer und überzeugen uns mit einem Blick, welch unermeßliche Räume der Tätigkeit offenstehen und bekennen wir schon bei dem bloßen Gedanken uns ganz anders aufgeregt." (Übrigens fuhr ich das erste Mal nach Amerika noch auf einem der „legendären" Trans-Atlantik-Riesendampfer, der „Queen Mary".)

Auf der anderen Seite kam ich dann immer enttäuscht zurück, wenn auch inspiriert durch Begegnungen und Erfahrungen und stets dankbar, dass dieses Land und seine Bevölkerung – mit großen Opfern – uns die Freiheit und menschenwürdige Demokratie brachten.

Mein Vater, durch die Weimarer Republik und den Irrsinn des Ersten Weltkrieges zum Pazifist geworden, hat – welche Tragik – im Dritten Reich auf einen neuen Weltkrieg gehofft, da er es nur dadurch für möglich erachtete, Hitler und den Nationalsozialismus zu beseitigen. Er glaubte, diese Zeit nicht mehr erleben zu dürfen; aber wir überlebten den Verbrecherstaat.

Die USA haben mit der Diskriminierung der schwarzen Bevölkerung und des Vietnamkriegs viel Enttäuschung gebracht, aber mich mit Dankbarkeit erfüllt, dass sie maßgebend Deutschland befreiten. Avranches ist für mich der Ort, an dem die neue Zeit der Hoffnungen begann.* Aber könnte die Menschheit nicht ohne Avranches auskommen? Kann man nicht aus Goethes Optativ einen Indikativ, aus Wunsch und Hoffnung Wirklichkeit machen? „Edel sei der Mensch, hilfreich und gut."

* Siehe Seite 35

Vietnam

Mit roten Schuhen aus Saigon

Meine Frau telefoniert aus Paris. Lam thi Myong habe sie schon von weitem bei der Ankunft der Maschine aus Saigon erkannt; sie habe ein großes Schild umgehängt gehabt und sei von einer Stewardess begleitet worden. Sie habe angstvoll geblickt; aber dann, als ihr ein Plüschhase in den Arm gelegt wurde, etwas gelacht; sie könne schwer laufen, sei wohl behindert. Aber damit habe man rechnen müssen, bei unserer Adoptivtochter aus einem südvietnamesischen Waisenhaus. Eine Stunde später ruft meine Frau wieder an; lacht; Lam thi Myong springe im Warteraum des Flughafens herum; habe ihre roten Schuhe ausgezogen; da war von einer Beschwernis nichts mehr zu spüren; sie habe wohl beim Flug das erste Mal Schuhe getragen – in Fotos aus dem Heim sah man die Kinder immer barfuß.

Die Verbindung ist schlecht; in der Leitung des Telefons Rauschen. Ich sitze in einem Hotelzimmer in Stockholm, weil ich in Schweden einige Verpflichtungen nicht mehr hatte absagen können. Der Abflug mit Air France war uns kurzfristig mitgeteilt worden. Endlich war sie nun da; zwei Jahre hatte die Adoption gedauert.

An sich ist dies eine private Angelegenheit: ein Kind wurde adoptiert; ich hoffe, dass ihm geholfen wurde; es sieht so aus. Sie heißt jetzt Simone, aber bald nennen sie alle „Landi“ (Lam thi Myong lautet im Fränkischen so oder so ähnlich).

Ich beobachte, wie ein Kind sich entwickelt. Vier Jahre Waisenhaus; nun holt sie ihre Kindheit nach; eigentlich hilft es der Welt nicht weiter, wenn ein Kind glücklich ist. Zu viele bleiben ungerettet. Aber einem Kind geholfen zu haben ist wohl besser als keinem.

Blauer Himmel ohne Wolken. Blaue Seen, einer am anderen. Am Stockholmer Flughafen bestelle ich ein Zimmer in der Innenstadt. Ich lege Wert auf Komfort. Ich kann mich nicht beklagen. Dieses Hotel ist in Ordnung. Ich dusche; ich wechsle das Hemd. Ich trinke einen Orangensaft. Ich rufe an. Simone ist eben in Köln angekommen. Tram thi Em. Die Maschine landete pünktlich. Vor dem Abflug bekam sie sicherlich noch eine Schale Reis. Mit zwei Fingern hält sie ihren Löffel. Und balanciert ihn in den Mund, damit kein Körnchen verloren geht. Vielleicht ist sie mit dem alten Renault von T. zum Flugplatz gefahren worden. Vielleicht hat sie ein Amerikaner mit seinem Jeep hinausgebracht. Vielleicht hat einer beim Abschied gelacht. Oder geweint. Vielleicht war blauer Himmel über Saigon. Keine Feindtätigkeit. Kill-rate wie üblich. Simone im rosa Kleid bei Air France. Kein Gepäck.

W. erzählt: Eines Tages habe er sich aufgemacht. Er war mit einem Ford tagelang unterwegs. Hinter der Straße das Ungewisse. Auf der Straße Militärtransporte. Wird man erkennen, dass er kein Amerikaner ist? Französisch sprechen, nicht englisch, das ist die wichtigste Schutzmaßnahme. Manchmal war die Straße so mit Schlaglöchern bedeckt, dass er nicht glaubte weiterzukommen. Zwei Mal Fähren über den Mekong. Einer aus einer verwilderten Horde Jungen reißt ihm die Brille vom Gesicht und springt davon. Die Konturen verschwimmen; das Land wird noch vager, da die Brille fehlt.

Die Schwestern sind überrascht, dass man gekommen ist. Eine Lam thi? Welches Kind? Hunderte Kinder barfuß. Sie drängen sich heran; hoffen auf Abwechslung. Das Haus ist einfach, aber gut geführt. Die Kinder sind zutraulich, aber nicht aufdringlich. Eine kleine Enklave am Rande der Stadt. Rosen, geharkter Weg. Überall Kinder. Im Schlafsaal liegen jeweils zwei auf einer Matte. Schwierige Telefonate mit der Kreisbehörde, damit man nicht die Falsche auswählt. Damit das Schicksal nicht an der Richtigen vorbei geht. Unter Hunderten diese Em. Unter Tausenden, Millionen Kindern diese; sie weiß nichts; lacht; blickt traurig; lacht wieder. – W. erzählt: Um Gottes willen, sagten die Schwestern, in kein Hotel. Fremde können leicht umgebracht werden. Hier sind nur ein paar Amerikaner am Flugplatz. Hinter Stacheldraht. In die Stadt wagen sie sich nicht. – Ebenerdige Häuschen. Ein paar schmuddelige Hotels. Um Gottes willen in kein Hotel.

Die Schwestern sorgen sich sehr. Die Kinder hängen an den Schwestern. Das Waisenhaus ist gut bekannt. Man kann sich der Kinder nicht erwehren, die hier abgeliefert und ausgesetzt werden. Hunderte von Kindern, die W. mit ihren dunklen Augen ansehen.

Er kann nur ein Kind mitnehmen. Er ist hierher gefahren, um ein Kind wegzubringen. Die Kinder wissen nicht, was er will. Em weiß es auch nicht; aber die Schwestern erzählen es ihr. Nach Amerika. Alles ist Amerika. Dort gibt es viel, was es hier nicht gibt. Im singenden Tonfall erfährt Em die Kunde. Sie versteht sie nicht so recht. Am Hintereingang, damit die anderen Kinder es nicht bemerken, holt W. sie ab. Eine Schwester fährt mit bis zur nächsten Provinzstadt. Man will nochmals nachprüfen, ob es die richtige Em ist. Als die Schwester sie verlässt, weint Em nicht. Sie hängt sich an W. Nach langer Fahrt scheint alles wieder aus zu sein. Sie ist in einem anderen Waisenhaus. Viele kleine Kinder. Was sie vier Jahre gewöhnt war, das Haus, die Schwestern – nun ist alles verloren. Sie schreit auf, schreit ohne Tränen. Hängt sich an W.; schreit; aber W. muss weg. Er fliegt in zwei Tagen nach Deutschland. Sie weint, bis sie nicht mehr weinen kann.

W. besucht uns. Simone (so ihr deutscher Name) kennt ihn nicht mehr.

PARERGA

Über den Wolken

Zweimal saß ich bei meinen Reisen eine Zeitlang im Cockpit eines Flugzeugs. Das erste Mal war es in den 1960er Jahren bei dem transatlantischen Direktflug Frankfurt – New York, mit Zwischenlandung im Süden Grönlands, wo die Maschine aufgetankt wurde.

Kurz nach dem Abflug, als vom Kapitän die Durchsage kam, dass man nun die Sitzgurte ablegen könne, wurde mein Name aufgerufen mit der Bitte, mich bei ihm einzufinden. Ich erschrak sehr, befürchtete ich doch ein Unglück zu Hause, was aber dann Gott sei Dank nicht der Fall war. Der Copilot hatte auf der Passagierliste meinen Namen gelesen; er war Schüler bei mir gewesen und wollte seinen alten Lehrer begrüßen. Man ließ mich auf einen rückwärtigen Drehsessel Platz nehmen, neben dem Funker, der sich gerade einen Apfel schälte. Alle waren sehr entspannt; man habe den Autopiloten eingeschaltet; die Maschine steuerte sich selbst. Viele Funknachrichten schwirrten durch den Raum; ich verstand nur einige Wortfetzen – von entgegenkommenden Flugzeugen oder von denjenigen, welche die gleiche Route (höher oder tiefer) flogen. Einmal glaubte ich, man sei einer Nachbar-Maschine bedenklich nahe gekommen; aber das war offensichtlich nicht gefährlich, denn die Mannschaft blieb völlig ruhig und der Funker begann seinen Apfel zu essen. Beim Anflug auf Grönland musste ich dann das Cockpit verlassen. Ich saß dann etwa zwei Stunden im Transit-Raum, mit Blick auf das Flugfeld, auf dem keine Eiskrusten die graugrüne Vegetation überdeckten. Und keine Eisbären hüpften umher. Enttäuschend. Der Flugplatz sah so aus wie Flugplätze fast überall auf der Welt aussehen.

Beim zweiten Mal kann man eigentlich nicht von einem Cockpit sprechen; es handelte sich um den Sitz neben dem Piloten, der mir diesen zuwies. Da ich wohl der schwerste der Passagiere war und so die kleine Maschine am besten austariert würde. Etwa acht Personen. Wir hatten einen Flug gebucht, bei dem wir die wichtigsten Inseln von Hawaii anflogen – bald mit Lava, bald mit exotischen Wäldern und Wasserfällen, in zerklüfteten Tälern überzogene Landschaften.

Ich konzentrierte mich herauszufinden, wie der Pilot die Maschine flog. Wenn er – so meine fixe Idee – einen Herz- oder Schwächeanfall bekäme, müsste ich doch einspringen und sie zu Boden bringen. Aber dazu kam es dann nicht. Gesund und munter landete er auf dem Flugfeld in Honolulu, wo der Ausflug begonnen hatte.

Speisen im Ausland

Der Titel ist zweideutig; es geht um das Substantiv und um das Verbum „Speisen". Was man ist, wie man isst. Ein internationales Kochbuch ist nicht beabsichtigt, sondern nur ein Text, in dem ich mich an Essen über Jahrzehnte hinweg erinnere – und an das Umfeld von „Nahrungsaufnahme".

Vorab die Erinnerung an eine deutsche Speise, die ich aß. Ich habe sie mir als Inbegriff guten Essens vor allem in der „Trümmerzeit", da wir sehr hungerten, als Wunschbild vorgestellt: Gekochte zerhackte Eier, Kartoffeln und Löwenzahnblätter. Meine Großmutter fütterte damit ihre kleinen Gänse, die so einem schlimmen Schicksal – als Martins- oder Weihnachtsgans – entgegenwuchsen. Wahrscheinlich war es die Farbkombination, die meine Speichelproduktion anregte: Weiß, gelb, braun, grün.

Vor meiner ersten Flugreise, der ich mit großer Angst entgegensah, unternahm ich mit Frau und Kindern eine Autoreise durch die Schweiz. Jeden Abend waren wir an einem neuen Ort, meist an einem See oder Fluss, in dem wir vorher gebadet hatten. Und wir fanden viele „heimelige" Wirtshäuser bzw. Gasthöfe fürs Abendessen und zur Übernachtung. Ich bestellte immer – die Speisekarte bot es an – Fisch, wenn möglich Forelle, Salzkartoffeln mit geschmolzener heißer Butter und grünem Salat; dazu kühlen, trockenen Weißwein. Zusammen mit dem Blick auf die Alpenlandschaft oder/und auf einen blauen See glaubte ich mich, noch dazu bei Mondenschein, in einen Zustand der Exorbitanz versetzt – quasi, als würde ich aller irdischen Bezüge enthoben. Halt an Welt, ich will aussteigen! (So müssen auch Drogen wirken; ich habe nie gekifft.)

Die gleiche Entrückung und Verzückung erlebte ich Jahre später am Strand von Ost-Australien. An einem freien Wochenende – ich war zu einem Kongress in Canberra eingeladen – mietete ich zusammen mit einem anderen deutschen Teilnehmer ein Auto und wir fuhren ans Meer, immer wieder Kängurus aufscheuchend. Im Radio hörten wir von großem Verkehrsaufkommen; aber es begegneten uns nur wenige Fahrzeuge. Da wir am Abend sehr hungrig waren, freuten wir uns, dass wir auf der Strandstraße auf eine Bretterbude trafen, die „Fish and Chips" anbot. Mit Überraschung sahen wir, dass auch in einem großen Eimer Hummer angeboten wurden, von denen man uns dann einen dieser erschreckend aussehenden „Zehnfußkrebse", in Zeitungspapier eingewickelt, erstaunlich billig verkaufte. Mit einem Hammer, den wir im Auto fanden, zertrümmerten wir die Schale und kratzten mit unseren Fingern, auf einer Decke sitzend, beim Rauschen der heranrollenden Meereswellen, das weiße Fleisch aus dem Tier; ein Gläschen Mayonnaise und Brot hatte man uns mitgegeben. Die Nacht brach herein und wir erlebten, in der reinen Atmosphäre, fern jeder Stadt, einen Sternenhimmel von einer Fülle und Strahlkraft, wie ich ihn nie vorher gesehen hatte und nie wieder sah. Man konnte geradezu ins Weltall greifen. Der „gestirnte" Himmel über uns ließ uns erschauern – mit der Hummerschale neben uns.

Da assoziiere ich eine andere Strandnacht, am Rande von Singapur. Keine Einsamkeit, keine Sterne. Viele Badegäste, die lautstark und mit Musik hier Partys feierten. Es war wohl Saturday-night-fever. Uns wurde eine Suppe mit Fleischstücken angeboten, die sich als die „Suppe meines Lebens" erwies. Einverleibt wurde der Kosmos glücklicher, meist junger, tanzender und singender Menschen. Mitten in dieser Welt hörte man Goethe sagen: „Hier bin ich Mensch / hier darf ichs sein."

Gewimmel auch im großen Saal eines Restaurants in Hongkong. Aber fast Stille – nur ein summender, „schmatzender" Unterton. Ein fast surrealer Anblick: An vielen runden Tischen saßen chinesische Familien, die Köpfe, ob Kind, Jugendlicher, Erwachsene (auch viele alte Menschen) über Teller oder Schüsseln gebeugt. Mit großer Schnelligkeit stopften sie mit ihren Essstäbchen das Essen – überall standen große Behälter mit Reis – in sich hinein. Ich war in dieses Restaurant eingeladen worden, um zu erfahren, wo die Einheimischen essen. Ich hatte immer die Vorstellung, dass die Esssitten mit den Stäbchen besonders grazil seien. Nun fiel ständig Essen neben die Teller auf die mit Papierdecken versehenen Tische und auf den Boden. Wenn man das nicht gesehen hat, kann man sich schwer vorstellen, wie es im Saal nach Beendigung der Essenszeit aussah. Keineswegs will ich die chinesische Esskultur diffamieren, aber sie ist „vor Ort" anders, als in den weitverbreiteten China-Restaurants. Oder war mein Hongkong-Erlebnis ein Einzelfall?

Jedenfalls meide ich es, Chinesisch zu essen, obwohl ich in vielen Ländern dazu eingeladen wurde. Zum Beispiel in San Franzisco, wo man mir eine als „köstlich" angekündigte Vorspeise – knusprig, feinkörnig – servierte. Es waren geröstete Ameisen, wie ich danach erfuhr. Man muss wohl Gemahl der englischen Königin sein und sich so sarkastische Malmots (Bonmots wird man sic nicht nennen können) in Missachtung jeder Political correctness leisten zu dürfen; in China äße man alles, sagte er, was vier Beine habe, nur nicht Stuhlbeine.

Essen kann auch Traumatisierung hervorrufen, ein Zustand bei mir angesichts von Krautsalat und ähnlichen Salatarten. Warum? Ich kann dies nur niederschreiben mit Brechreiz, der sich sofort einstellt. Als Kind fand ich in einer solchen Salatschüssel ein Haarbüschel. Auf Weiteres verzichte ich. Da wird mir schlecht.

Freunde nennen mich einen Gourmand (der viel und gern isst) und einen Gourmet (der ausgesuchte Delikatessen als Feinschmecker genießt). Was Letzteres betrifft: Ich bin aber nicht auf Kaviar, sondern auf Salzkartoffeln mit Butter fixiert.

Allerdings, und das ist ein wichtiges Postskriptum zu dieser gastronomischen Epistel, bin ich auch sehr „anfällig" für T-bone steaks with baked potatoes.

Nach langer Flugzeit kam ich in Uruguay, in Montevideo, an. Bei der Fahrt mit dem Taxi vom Flughafen ins Hotel empfand ich die Stadt grau und leblos. Aber es war Sonntag und ich war müde und hungrig. (Übrigens der Berg hat zwar einen schönen Namen, aber wie ich dann herausfand, ist er nur ein ziemlich kahler Hügel.)

Ich setzte mich ins Restaurant des Hotels; war fast der einzige Gast und bestellte ein Steak. Es war köstlich. Die nächsten zwölf oder vierzehn Tage habe ich dann jeden Abend – nach meiner Tätigkeit an der Universität – ein Steak gegessen. Es schien immer größer und besser zu werden. Die Kellnerin frage immer nur: „Wie gestern Abend?“ So wurde mir das Land zum Steak-Haus. Was ja sehr oberflächlich klingt.

Ein Erinnerungssprung zur New Yorker Soße, die zusammen mit einem Steak serviert wurde. Bei einem Kongress hatte ich die keynote-Rede zu halten und traf mich am Vorabend mit den Veranstaltern in einem vornehmen Restaurant. In den Genuss der Soße kam ich nicht, denn der stolpernde Kellner goss sie mir – vom Kragen abwärts – auf den Rücken meiner Cord-Jacke. Das war insofern ein Malheur, da ich, der nicht gern mit viel Gepäck reiste, in meiner Tasche zwar eine zweite Hose, aber keine zweite Jacke hatte unterbringen können. Das Personal versuchte es mit Reinigung, die ich dann nächtens im Hotel durch Reiben mit einem nassen Handtuch und anschließendem Föhnen fortsetzte. Bei der Veranstaltung bemühte ich mich, niemandem den immer noch durchfeuchteten Rücken zu zeigen.

Etwas Philosophisches zum Schluss. Von Ludwig Feuerbach stammt der Satz: „Der Mensch ist, was er isst.“ Zumindest eine frag-würdige Sentenz!

Kuriosa

Es gehört zum Reisen, dass man merkwürdige Dinge erlebt. Vieles fand ich des Vermerkens würdig. Zum Beispiel einen Baum, dessen Stamm sich bewegte. Es war aber kein Baum, sondern ein Bär, nahe der Summer-School von Taos in Neu-Mexiko/USA. Um dorthin zu gelangen, musste man etwa dreißig Minuten eine Bergstraße hochfahren. Dann traf man auf einige Häuser und ein großes Hotel im Tiroler Baustil. Ein ausgewandertes Ehepaar aus München hat es gebaut und betrieb es. Und errichtete dann noch ein eigenes Tagungsgebäude, was sich als wirtschaftlich sehr vorteilhaft erwies. Hinter dem Haus war der Beginn eines Wanderweges mit einem allerdings brüchigen Wegweiser. Meine Frau und ich entschlossen uns zu einem längeren Spaziergang, bei dem wir in einem Waldstück einen Baum sahen, der sich eigenartig bewegte. Vor uns stand ein riesiger Braunbär; erst glaubten wir an eine Halluzination. Vorsichtig bewegten wir uns zurück und rannten dann, was die Lungen hergaben, ins Hotel zurück. Es gibt hier ein paar Bären, berichtete uns die Wirtin; aber angefallen haben sie noch niemanden. Es geht ja auch kaum jemand wandern. Wir empfanden die Begegnung mit einem Grizzlybär jedenfalls als kurios und nahmen sie in unser Erinnerungspanorama auf. Ein Bild eines solchen Tieres habe ich rahmen lassen und in meinem Arbeitszimmer aufgehängt.

Daneben befindet sich eine bizarr geformte schwarze Eisenplastik. Besucher wundern sich, dass ein dünner Faden die Last zu tragen vermag. Kein Problem: Die Plastik ist gar nicht aus Eisen, sondern aus Tang. Als wir einmal im Süden Neuseelands am Strand entlanggingen, sahen wir, dass die Wellen viele Tangfetzen herangespült hatten. Ich nahm – einer seltsamen Eingebung folgend – ein Bündel mit, verpackte es, in viel Zeitungspapier eingewickelt, in einen Karton und schickte es dann per Post nach Hause. Den Zollbeamten musste ich mit vielen Worten überzeugen, dass der Inhalt des Pakets nichts anderes war. Als die Sendung nach Wochen ankam, war der Tang ausgetrocknet und zu einem kuriosen Gebilde erstarrt. Hätte ich den Mut für eine start-up-Galerie gehabt und Container solcher Braunalgen importiert und in Form gebracht – vorausgesetzt, das Meer spült weiter in Neuseeland genügend Material für diese kuriosen Kunst-Stücke heran –, würde ich wohl viel Geld verdient haben.

Beim Flugzeug-Wechsel im mittleren Westen der USA – welche Stadt es war, habe ich vergessen –, waren meine Frau und ich neben anderen Passagieren Opfer einer falschen Durchsage geworden, die uns in eine Maschine „dirigierte", die nach Chicago flog, also in die entgegengesetzte Richtung (wir wollten nach Los Angeles). Man kann sich also auch in der Luft verirren. In der Halle, in der wir mit den anderen „Opfern" der Fehlleitung auf die Rückführung mit einer Sondermaschine warteten, wurden wir Zeugen eines kuriosen Vorganges, den ich aus Deutschland nicht kannte. Dutzende von Wartenden entnahmen ihrem Handgepäck relativ große Telefone, die man in Kleidungstaschen nicht hätte unterbringen können, und zogen aus den Geräten dann lange Antennen heraus; sie informierten wohl die sie Erwartenden über die Verspätung. So erlebte ich die Geburtsstunde des späteren Handy. Da hätte ich gerne ein Foto gemacht – zur Erinnerung an den revolutionären Kommunikationsschub in der Menschheitsentwicklung.

Vielleicht? Virtuelle Wirklichkeit.

Viele Reiseberichte sind mehr erdichtet als erlebt. Schon Marco Polo war nicht dort, wo er schildert, gewesen zu sein. Kolumbus hat seine Tagebücher mit viel Fantasie angereichert. Bewegte sich Sven Hedin wirklich von Pol zu Pol? Am populärsten wurde Karl May mit seinen Abenteuern in der Sahara – dort ist er aber nie gewesen, auch ritt er nicht durchs wilde Kurdistan. Und Winnetou in den amerikanischen Bergen ist eine Schimäre. Eine der bedeutendsten Fälle virtueller statt realer Wirklichkeit ist Francesco Petrarcas Bericht über seine Besteigung des Mont Ventoux 1336. Es galt lange Zeit als Schlüsselerlebnis, das die Neuzeit einleitete. Da dieser Fall von „Dichtung statt Wahrheit" wenig bekannt ist, sei er hier ausführlich referiert.

Im Jahr 1336 – der große Schweizer Historiker Jakob Burckhardt hat in seinem Werk „Die Kultur der Renaissance in Italien" auf dieses emblematische Datum hingewiesen – bestieg der italienische Dichter Francesco Petrarca den in der Provence gelegenen, 1912 Meter hohen Mont Ventoux und berichtete darüber am gleichen Abend seinem geistlichen Mentor, dem Augustiner Francesco Diongi, in einem Brief darüber.

„Den höchsten Berg unserer Gegend, der nicht unverdienterweise der windige (ventosus) genannt wird, habe ich gestern bestiegen, lediglich aus Verlangen, die namhafte Höhe des Ortes kennenzulernen. … In den Schluchten des Gebirgs trafen wir einen alten Hirten, der versuchte, mit vielen Worten uns von der Besteigung abzubringen und sagte, er sei vor schier fünfzig Jahren in demselben Drang jugendlichen Feuers auf die höchste Höhe emporgestiegen, habe aber nichts mit zurückgebracht als Reue und Mühsal, Leib und Gewand zerrissen von Steinen und Gedörn, und es sei niemals weder vorher noch nachher erhört worden, daß einer ähnliches gewagt. Während er aber also plauderte, wuchs bei uns – wie ja der Jugend Sinn stets ungläubig ist für Warnungen – aus der Schwierigkeit das Verlangen. Da nun der Alte merkte, daß er nichts bei uns ausrichte, ging er ein Stück weit mit und bezeichnete uns mit dem Finger einen zwischen Felsen emporziehenden steilen Fußpfad, indem er uns noch vielfach ermahnte und vieles, nachdem wir uns schon getrennt hatten, noch von rückwärts nachrief.

Bei jenem ließen wir zurück, was uns an Gewändern und Gerät lästig war; gürteten und schürzten uns nun lediglich für die Bergbesteigung und stiegen wohlgemut und hitzig empor. Aber, wie es zu gehen pflegt – auf mächtige Anstrengung folgt plötzliche Ermüdung. Wir machten also nicht weit von da auf einem Felsen halt; von dort rückten wir wiederum vorwärts, aber langsamer, und ich insbesondere fing schon an, den Gebirgspfad mit bescheidenerem Schritt zu beschreiten. Mein Bruder strebte auf einem abschüssigen Pfad mitten über die Joche des Berges zur Höhe empor; ich, als weicherer Steiger, wandte mich mehr den Schluchten zu. Da er mir nun zurief und den Weg richtiger bezeichnete, erwiderte ich ihm, ich hoffe, von der andern Seite leichter emporzukommen, und scheue mich nicht vor dem Umweg, wenn er mich ebener führe. Dieser Vorwand sollte die Entschuldigung meiner Trägheit sein; aber während die andern schon hoch auf der Höhe standen, irrte ich noch durch die Täler, ohne daß irgendwo ein sanfterer Aufweg sich auftat; nur mein Weg ward verlängert und die unnötige Arbeit erschwert. Indessen, da ich mißmutig mich meines Irrtums ärgerte, beschloß ich, geradewegs die Höhe zu erstreben, erreichte auch wirklich müd und mit zitternden Knien meinen Bruder, der sich mit langem Ausruhen erquickt hatte, und wir gingen ein Stück weit gleichen Schrittes. Kaum aber hatten wir jene Höhe verlassen, so vergaß ich meine frühere Erfahrung und kam wieder mehr zur Tiefe hinab – und indem ich etliche Täler durchwandelt und die leichten langen Wege einhielt, bereitete ich mir selber große Schwierigkeit, denn ich schob die Mühsal des Emporsteigens zwar hinaus, aber durch des Menschen Ingenium wird die Natur der Dinge nicht verändert, und niemals wird es möglich werden, dass einer durch Abwärtssteigen in die Höhe gelange.“

Die Erfahrung der Weite des Raumes eröffnete eine neue ästhetische Dimension. Als Künstler zwischen Mittelalter und Neuzeit empfand Petrarca den Gipfelblick als Faszination und Versuchung. „Ich war wie betäubt, ich gestehe es." Die gewaltige Aussicht von den Alpen bis nach Marseille und zur Rhône, ja fast bis zu den Pyrenäen, zeigte ihm die Schönheit des Irdischen; doch regte sich beim Dichter auch „schlechtes Gewissen": Eigentlich sei nichts bewundernswert, außer der auf Gott ausgerichteten inneren Welt. Durch Meditation versuchte Petrarca, sein Gleichgewicht wiederzufinden. Dabei schlug er schuldbewusst den mitgenommenen „Gottesstaat" des Augustinus auf, in dem es heißt, dass der Mensch sich schämen müsse, wenn er die Gipfel der Berge, die ungeheuren Fluten des Meeres, die weit dahin fließenden Ströme, den Saum des Ozeans und die Kreisbahnen der Gestirne statt der menschlichen Seele bestaune. (Heute weiß man, dass der Brief erst 17 Jahre später entstand – der vorgegebene Adressat war bereits zehn Jahre tot; fraglich ist ebenso, ob Petrarca überhaupt auf dem Berg war: Ein frühes Beispiel für virtuelle Realität.)

Dass Dichtung und Wahrheit oft eine „Fließstruktur" haben, ist oft auch dem Wandel des Erinnerungsvermögens geschuldet. Man vergisst und schließt die entstandenen Lücken mit Fantasie. Dazu kommt, dass Entfernung von wirklichen Begebenheiten diese häufig im milden Licht erscheinen lässt: „Distance lends enchantment to the view." Ist Zeit vergangen, nahen sich die früheren Gestalten „schwankend" (so Goethe) – weil der sich Erinnernde in seinem Erinnerungsvermögen im Langzeitgedächtnis beeinträchtigt ist.

Unter all diesen „Vorzeichen" sind die Texte dieses Buches zu sehen (lesen), wobei freilich meist große Authentizität gewährleistet werden kann, da sie auf Tagebuchnotizen beruhen, die zeitnah zu ihrem Erleben verfasst wurden. Wo das nicht geschah, nehmen die Zweifel an ihrer Wirklichkeit zu. So ist mir zum Beispiel schleierhaft – im Nebel des Vergessens versunken –, ob ich je in Island gewesen bin (auch wenn nur bei einem Flug in die USA), denn die Iceland Airlines sind ein beliebter Flieger. Und die Details habe ich wahrscheinlich aus Erzählungen einer unserer Enkelinnen „adoptiert", die Island mit großem Vergnügen bereiste. So kann ich berichten, dass, wenn man in einem dortigen Wald aufrecht steht, man den ganzen Wald überblicken kann. Das Parlament so groß ist wie das Rathaus in einem fränkischen Dorf. Fast überall kann man sich, nachdem man sich im Schnee gewälzt hat, in einem von heißen Quellen gespeisten Badeteich erwärmen. Alle Isländer sind sehr kreativ beim Entwerfen und Gestalten. Jede Minute landet ein Flugzeug und bringt Touristen, denn Island gilt als ein Dorado für alle, die im Kleinen das Große schätzen. Deshalb hat wohl Jonathan Swift sich bei seinem Buch „Gullivers Reisen" durch Island inspirieren lassen. Und vielleicht sind unter den Reise-Erinnerungs-Spots aus Island doch ein paar wahre. (Alle Isländer sind sehr musikalisch und kennen Text und Melodie des Schlagers „Ach wie so trügerisch…")

ANHANG

Goethe

Die neue Wirklichkeit

Ihr naht euch wieder, schwankende Gestalten,
Die früh sich einst dem trüben Blick gezeigt.
Versuch ich wohl, euch diesmal festzuhalten?
Fühl ich mein Herz noch jenem Wahn geneigt?
Ihr drängt euch zu! nun gut, so mögt ihr walten,
Wie ihr aus Dunst und Nebel um mich steigt;
Mein Busen fühlt sich jugendlich erschüttert
Vom Zauberhauch, der euren Zug umwittert.

Ihr bringt mit euch die Bilder froher Tage,
Und manche liebe Schatten steigen auf;
Gleich einer alten, halbverklungnen Sage
Kommt erste Lieb und Freundschaft mit herauf;
Der Schmerz wird neu, es wiederholt die Klage
Des Lebens labyrinthisch irren Lauf,
Und nennt die Guten, die, um schöne Stunden
Vom Glück getäuscht, vor mir hinweggeschwunden.

Sie hören nicht die folgenden Gesänge,
Die Seelen, denen ich die ersten sang;
Zerstoben ist das freundliche Gedränge,
Verklungen, ach! der erste Widerklang.
Mein Lied ertönt der unbekannten Menge,
Ihr Beifall selbst macht meinem Herzen bang,
Und was sich sonst an meinem Lied erfreuet,
Wenn es noch lebt, irrt in der Welt zerstreuet.

Und mich ergreift ein längst entwöhntes Sehnen
Nach jenem stillen, ernsten Geisterreich,
Es schwebet nun in unbestimmten Tönen
Mein lispelnd Lied, der Äolsharfe gleich.
Ein Schauer faßt mich, Träne folgt den Tränen,
Das strenge Herz, es fühlt sich mild und weich;
Was ich besitze, seh ich wie im Weiten,
Und was verschwand, wird mir zu Wirklichkeiten.

Das Goethe-Gedicht „Zueignung“ (dem „Faust“ vorangestellt, ganz abgedruckt in einem autobiografischen Buch, das davon berichtet, wie sich bei uns (meiner Frau und mir) ein „Weltbild“ formte, geprägt durch das vor allem mir zuteil gewordene Privileg, in vielen Ländern authentische Erlebnisse und Begegnungen haben zu dürfen – ohne je touristischer Oberflächlichkeit schuldig zu werden –, mag den Anschein erwecken, dass Erinnerungsarbeit doch sehr beglückend sein müsste.

Ich erlebte sie freilich bei der Niederschrift dieser Texte bzw. bei ihrer Ausgrabung – beim Hervorholen aus teilweise vergilbten Tagebüchern – oft genug mit „acherontischem Frösteln“ (Detlev von Liliencron): „…man war dem Fluß der Unterwelt, der die Grenze zum Nichtsein, zum Tod abgibt, erschreckend nahe.“ Vorbei, verweht, verloren – „zerstoben war das freundliche Gedränge. / Verklungen, ach der erste Widerklang.“ Und nicht nur der erste – jeder Widerklang!

Die vielen Länder, in denen ich gewesen war und mit ihnen die Menschen, die ich getroffen hatte, im Vergessenen versunken. Ein Schauer erfasste mich, „Träne folgt den Tränen“: Was verschwunden war, wurde mir jedoch zur Wirklichkeit. So habe ich das Goethe-Gedicht diesem Buch und seinen schwankende Gestalten, die mein trüber Blick noch erfassen konnte, zugeeignet – Worte des Nachvollzugs, wie sie nur ein großer Dichter sagen konnte. „Und was verschwand, wird mir zur Wirklichkeit.“

Vom Reisen und Wandern

Wenn man viel reist, auch gerne wandert, erwächst das Bedürfnis, die beiden Tätigkeiten und die sie charakterisierenden Begriffe zu reflektieren – was sozusagen anthropologisch und philosophisch hinter dem Drang steckt (der bis zur Raumfahrt reicht), in die Weite sich wegzubegeben. Wilhelm Busch meint:

> Warum soll ich nicht beim Gehen –
> sprach er – in die Ferne sehen?
> Schön ist es auch anderswo,
> und hier bin ich sowieso.

Eine semantische Betrachtung ergibt, dass der Kontext wichtig ist: „Ich reise in die USA" – „Ich wandere durch die Alpen." Ein Europäer kann nicht sagen: „Ich wandere in die USA." Ein Kanadier oder Mexikaner schon. Offensichtlich impliziert „Wandern", dass man sich fußläufig bewegt und nicht durch Wasser (Meer) daran gehindert wird, da man sich dann eines Gefährts, z.B. eines Schiffes bedienen muss. Man reist etwa mit der Kutsche, dem Auto, der Bahn, dem Flugzeug – zielgerichtet und zügig.

Beim Wandern kann man abschweifen; mäandrisch sich bewegen. Der Blick auf die Uhr (die Orientierung an Fahrplänen) ist fürs Wandern nicht wichtig. Eine Präposition kann jedoch den Inhalt verändern. Wenn man auswandert, ist es nahe liegend, dass man das in der Art einer Reise tut. „Ausreise" ist aber als Wort vor allem für das Überschreiten einer Grenze „reserviert"; so wandert man aus. Schließlich verliert Wandern die Konnotation des Fußläufigen; neuerdings wird „Radwandern" (aber noch nicht „Autowandern" oder „Flugzeugwandern") verwendet.

Was sagt nun die Bedeutungsgeschichte der Worte „Reisen" und „Wandern"? Ursprünglich meint Reise „Aufbruch", vor allem bei einem Kriegszug („reisig", d.h. zum Krieg gerüstet). Der Bedeutungswandel ist eklatant; denn heute ist Reisen vor

allem möglich, wenn Frieden herrscht. Wandern: Von einem Ort zum anderen ziehen. Auch „ins Gefängnis wandern". Wiederum ist dem Wort „Auflockerung" zuteil geworden. Der Sinn nähert sich einem erholsamen Durchstreifen von Land und Natur.

Friedrich Kluges „Etymologisches Wörterbuch der deutschen Sprache" verweist bei „Reise" auf den Ursprung „sich erheben" und bei „Wandern" auf die Wurzel „sich wenden". Solche Hinweise lassen sich gut anthropologisch „nutzen": Wer reist, „erhebt" sich aus seinen Gewohnheiten; er wagt sich ins Unbekannte. Auch wenn man nach der Reise wieder gern ins Gewohnte, Geborgene sich einnistet. (Ich habe das oft so erlebt!) Und wer wandert, „wendet" sich gleichfalls vom Gewohnten ab und dem Neuen zu.

Wenn man sagt, dass das Leben einer Reise oder Wanderung gleiche, dann deshalb, weil die Lebenslinien positive und negative Überraschungen mit sich bringen (es handelt sich eben um krumme Linien). Wenn einer eine Reise tut, dann kann er was erzählen (Matthias Claudius), lässt sich besser umformulieren: „Da kann er was erleben!"

Da dieses Buch durch seine Texte genug Beiträge zur Reiselust und Reiselast beisteuert, aber nur wenig vom Wandern berichtet, sei dieser Anhang noch durch den Versuch erweitert, eine „Philosophie des Wanderns" zu skizzieren.

Der Beginn des bekanntesten deutschen Wanderliedes – Joseph von Eichendorffs „Der frohe Wandersmann“ – enthält eigentlich schon alles, was man, zumindest für lange Zeit zutreffend, die Quintessenz der „Philosophie“ des Wanderns nennen kann: der Absicht, über den tieferen Sinn dieser menschlichen Freude am Durchstreifen von Landschaft und Natur nachzudenken.

Wem Gott will rechte Gunst erweisen
den schickt er in die weite Welt,
dem will er seine Wunder weisen
in Berg und Tal und Strom und Feld …

Demnach ist es eine besondere metaphysisch begründete Tugend, wenn man seine Sesshaftigkeit überwindet und sich in die Ferne aufmacht; dort kann man etwas Außergewöhnliches, im Alltag nicht Anzutreffendes, erfahren bzw. erleben. Diese Exegese des Liedumfangs bestätige die nachfolgende Strophe:

Die Trägen, die zu hause liegen,
erquicket nicht das Morgenrot,
sie wissen nur von Kinderwiegen,
von Sorgen, Last und Not ums Brot …

Die Abwertung der sowohl familialen als auch haushälterischen Tätigkeit macht das Lied zur Bekundung eines Außenseiters, der die bürgerlichen Prinzipien der Ordnung und Ordentlichkeit durchbricht; er ist also „Aussteiger“; das Lied findet sich in Eichendorffs Erzählung vom „Taugenichts“ und missachtet sogar die „progenitive“, den Nachwuchs pflegende menschliche Bestimmung. Dem Kinderwiegen und dem Brotverdienen werden Freuden entgegengestellt, die offensichtlich die Natur nur für „Nestflüchtige“ bereithält.

Die Bächlein von den Bergen springen,
die Lerchen schwirren hoch vor Lust;
was sollt‘ ich nicht mit ihnen singen
aus voller Kehl‘ und frischer Brust? ...

Die Exorbitanz – das Hinaustreten aus der alltäglichen Welt mit ihren Pflichten und Aufgaben – eröffnet ein arkadisches Dasein, wofür die Natur glücksverheißend sorgt; (die Lerche ist ja der Vogel, der jeweils beseligte Befindlichkeit intoniert und repräsentiert).

Dieses „retour à la nature“ – die Zivilisationsabsage bzw. Zivilisationsmüdigkeit wird nicht direkt angesprochen – regeneriert den Menschen, der im Wandern seine Kräfte wieder findet (was sich auch in seiner Sangeslust bekundet).

Das beim Wandern gefundene (erfundene) Weltbild ist Emanation göttlichen Willens und Schaffens – allumfassend, aber besonders in der schönen Natur sich manifestierend. In sie ist der (wandernde) Mensch integriert und das gibt ihm „Seinsgewissheit“ – man kann dies auch Heimat und Geborgenheit nennen.

Den lieben Gott laß ich nur walten;
der Bächlein, Lerchen, Wald und Feld
und Erd‘ und Himmel will erhalten,
hat auch mein Sach‘ aufs best‘ bestellt …

Zumindest der Wanderer, das ist die implizierte Aussage, lebt in der „besten aller Welten“; die Theodizee-Überzeugung erscheint in Eichendorffs Gedicht in romantisch-lyrischer Diktion.

Das Datum, da diese Empfindung – von Eichendorff hier dichterisch erfasst – menschlicher Erfüllung möglich und kommuniziert wurde, lässt sich durchaus festschreiben. Es ist identisch mit einem Schlüsselereignis, das den Beginn der Renaissance und damit der abendländischen Neuzeit signalisiert bzw. symbolisiert. Voraussetzung fürs Wandern ist nämlich eine „horizontale Perspektive“, die den menschlichen Blick auf die Weite der Landschaft ermöglicht. Es ist in der Kulturgeschichte Europas eine Revolution gewesen, als im 14. und 15. Jahrhundert dies erfolgte. Hätte der Mensch nicht einen Sinn und Mut für offene Horizonte entwickelt, wäre es nicht zu einer „Kultur des Wanderns“ gekommen.

Das Mittelalter ist bestimmt durch die „vertikale Perspektive“; der Mensch sieht sich in seinem Selbstbewusstsein und in seinem Weltbild eingefügt ins „Senkrechte“; er „oszilliert“ zwischen Hölle und Himmel. In der Renaissance, die den „Herbst des Mittelalters“ ablöst bzw. in der Zeit, da sich die neue Zeit vorbereitet (also in ihrer Inkubationszeit) ereignet sich „etwas Merkwürdiges“, so Egon Friedell in seiner „Kulturgeschichte der Neuzeit“: Der Mensch, bisher in dumpfer, andächtiger Gebundenheit den Geheimnissen Gottes, der Ewigkeit und seiner eigenen Seele hingegeben, schlage die Augen auf und sehe um sich. Er blicke nicht mehr über sich, verloren in die heiligen Mysterien des Himmels, nicht mehr unter sich, erschauernd vor den feurigen Schrecknissen der Hölle, nicht mehr in sich, vergrübelt in die Schicksalsfragen seiner dunklen Herkunft und noch dunkleren Bestimmung, sondern geradeaus, die Erde umspannend und erkennend, dass sie sein Eigentum sei. „Die Erde gehört ihm, die Erde gefällt ihm; zum erstenmal seit den seligen Tagen der Griechen.“

Dieser „neue Blick“, also nicht mehr vertikal, sondern horizontal ausgerichtet, ist freilich nur der eine Aspekt der Epoche. Wie bei der Person des Christoph Kolumbus, der gleichermaßen Gott- wie Goldsucher war, bestimmten die Renaissance auch noch mittelalterliche Strömungen; vielfach verstärkten sie sich sogar und schlugen ins Negative um. Dem Verlust des einheitlichen religiösen Weltbildes folgte die Angst vor dem Neuen; Unsicherheit und Zerrissenheit bewirkten oder förderten die Flucht in Wahnideen; dem Drang zur Überheblichkeit entsprach der Sturz ins Abgründige. Die Renaissance war rückwärts- wie vorwärtsgewandt, geprägt durch den Zwiespalt von Höllenfahrt und Sehnsucht nach dem Paradies, durch eine korrupte Kirche und den Aufstand des Gewissens, durch Hinwendung zum Stadtkosmos und das Streben nach offenen Horizonten.

Ehe die Vorstöße der Seefahrer, Kaufleute, Wissenschaftler, Künstler in die Weite und Tiefe des Raums und irdischer Geheimnisse erfolgten, hatte sich ein Bewusstsein ausgebildet, das sich nicht mehr wie bei der mittelalterlichen Leitfigur Hiob, der die Strafen Gottes erwartet, aus dem Diesseits ins Jenseits als Erlösung hinweg- oder, wie bei Adam und Eva, in den Garten Eden zurücksehnt (wobei dieser mit dem himmlischen Jerusalem verschmilzt), sondern das irdische Paradies mit Hilfe eigener Kraft, Macht und Schlauheit schaffen will. Dieses Bewusstsein entwickelte zudem eine bis zur Besessenheit reichende Neugier (Curiositas) auf das, was man machen, beherrschen, erleben, erfahren kann, wenn man nur sich als Subjekt, als ich-starkes Individuum empfand.

Seit Francesco Petrarca gibt es unzählige Reiseberichte, Reisereportagen, Reiseerzählungen – belletristische, journalistische, maler- und zeichnerische, fotografische und natürlich auch filmische. Der Wanderer, der heutzutage sich als Einzelner oder in einer Gruppe auf den Weg macht, wird begleitet von diesen Manifestationen einer landschafts- und natursüchtigen, ihm vorschwebenden literarischen und künstlerischen medialen Vorstellungswelt, die sich mit seinen Erwartungen, Hoffnungen (auch Ängsten) vermengt. Die wenigsten Menschen denken wohl daran, dass es nicht nur Gott ist, der dabei die rechte Gunst erweist, sondern es auch Revolutionären der Kultur zu danken ist, dass der Blick in die Weite gerichtet werden kann (dem dann die Füße folgen). Der Mensch – das ist die „Philosophie des Wanderns" – erweist sich als ein Wesen, das sich im Horizontalen lustvoll zu bewegen weiß; er sollte aber über der „Eroberung" des Raums nicht sein Eingebundensein ins Vertikale vergessen.

Wilhelm Müller (1794-1827) meinte, das Wandern sei des Müllers Lust, weil dessen Gewerbe – zumindest früher – immer mit dem die Mühlen antreibenden Wasser zu tun habe.

Vom Wasser haben wir's gelernt,
vom Wasser.
Das hat nicht Rast bei Tag und Nacht,
ist stets auf Wanderschaft bedacht,
das Wasser…

Heute sind die Antriebskräfte (Motivationen), die uns zum Wandern veranlassen, vielfältiger Art, so dass man des Mühlen-Wasser-Gleichnisses nicht bedarf. Und doch ist Wasser eine schöne Metapher für das, was an Gefühl und Bewusstsein jedem Wanderer zu wünschen ist, wenn er in die horizontale Weite lustvoll schweift; und da kommt das Vertikale explizit wieder ins Spiel.

Des Menschen Seele
gleicht dem Wasser:
Vom Himmel kommt es,
zum Himmel steigt es,
und wieder nieder
zur Erde muß es, ewig wechselnd…

Goethe ist damit ein „Wanderführer", in alle Richtungen.

Ballonfahrt – fränkisch

In viele Länder reiste ich sehr gern;
das Fremde kam mir nah und blieb doch fern.
Das Nahe wurde freilich oft versäumt,
wenn man von fernen Welten träumt.
Bis der Blick von oben kam,
weil Jean Paul mich in die Gondel nahm.
Par terre erlebt' ich, was die Erde meint
und nicht nur das, was draußen scheint.
Heimat ist Welt, die gar nicht fern,
da bin ich – nach den Reisen – wieder gern.

„Die Wurzel der Geschichte aber ist der arbeitende, schaffende, die Gegebenheiten umbildende und überholende Mensch. Hat er sich erfaßt und das Seine ohne Entäußerung und Entfremdung in realer Demokratie begründet, so entsteht in der Welt etwas, das allen in die Kindheit scheint und worin noch niemand war: Heimat." (Ernst Bloch)

Ein Land zusammenhockender Bodenständigkeit. In den fränkischen Nestern drücken die stämmigen Kirchen die geduckten Häuser unentwindbar an sich; doch haben Flächennutzungspläne den Ausbruch in Allerweltssiedlungen erlaubt. Ein Land fest eingerammter, oft genug verklemmter Traditionen. Da gibt es eine große Lust zum Abheben. Ballon über fränkischer Landschaft.

„Da ich über ein Dutzend Marktflecken und ein halbes kleiner Städte wegging und durch meinen gläsernen Fußboden und mein englisches Kriegsperspektiv heruntergucktein die Gärten und Gassen und an die Fenster mitten unter die Visitenkomödien mit Chören hinein, so sagt ich: Ihr armen Sünder allzumal, wollte Gott, ich wäre ein Platzregen!... Einer Sedezstadt zuzusehen, das passiert; aber eine ganze Sedezstädtebank, eine Austernbank, von oben zu überschauen, das chagriniert. Ich sah in zweiundzwanzig Gärten von mehreren Zwergstädten auf einmal das Knicksen, Zappeln, Hund-, Pfauen-, Fuchsschwänzen, Lorgnieren, Raillieren und

Raffinieren von unzähligen Zwergstädtern, alle (was eben der wahre Jammer ist) mit den Ansprüchen, Kleidern, Servicen, Meublen der Großstädter... Ist das die berühmte Erde? ‚Das Spuckkästchen drunten, das Pißbidorchen, das ist der Planet', würd ich einem Seraph antworten, der vor mir vorbeiflöge und mich bäte, ihn zurechtzuweisen."

Jean Pauls Luftschiffer Giannozzos Seebuch und manch andere Aufzeichnung von Kapitänen im Luftmeer helfen beim persönlichen Logbuch: Erinnerungsarbeit bei einem die Zeit in den Raum hereinnehmenden Überflug heimatlicher Landschaft. Ich lasse mich im imaginären Ballon über den Heimatgefilden „hin- und herwürfeln".

Ort des im Beschreiben befreienden ersten Aufstiegs: meine kleine Stadt, in vollem Kindheitssommerfrischeglück. Überm Schlossberg schwebend – die Bauern, Sonntagswinzer (saurer Wein), haben ihn zu einer Art Zuckerhut zurechtgeschabt, mit einem Eichenbüschel obenauf –, fällt der Blick auf die Dörfchen ringsum, die Hellingen und Unfinden oder sonst wie heißen. Auf den Bänken des Fremdenverkehrsvereins sind Herzen mit Liebespfeilen, bis auf 1910 zurückgehend, eingeritzt. Am Hang die vornehmen Villen: des Herrn Kommerzienrats, des Herrn Amtsgerichtsrats, des Arztes, des Kabelfabrikanten. Aus vielerlei Gegenden kommend, blieben sie inmitten der dreitausend Kleinstädter hängen; gelegentlich verlassen sie ihr Krähwinkel – früher in der Kutsche, jetzt im Auto, im gewichtigen „Daimler", „Horch" oder „Wanderer". Der Tankstellenwart, der ein Bein im Ersten Weltkrieg ließ, einen langen schwarzen Bart hat und, weil er einst Hirt war, der „Ziegenpeter" heißt, sitzt den ganzen Tag im Rollstuhl neben der Tankstelle; wenn er den Pumpenschwengel bedient, stöhnt er.

Hinweg. Und nicht zurück. Die Treidelpfade des alten Kanals memorierend, taucht sie schemenhaft in der Ferne auf – und schon bin ich im Erinnerungsstrom über ihr: Meine große Stadt. Bunt blinken die fruchtigen Marktstände herauf.

Plötzlich hereinbrechende Düsternis. Der Hauptmarkt – Adolf-Hitler-Platz – ist ameisenhaft besetzt. Traumatische Fokussierung. Statt des Absetzens in historische Distanz der

Schmerz des Wieder-Holens. Lässt sich so Wiederholung bannen? 10. November 1938.

„Über 50.000 Nürnberger Volksgenossen hatten sich, gerufen von ihrem Herzen und getrieben von der Bedeutung der Stunde, auf dem Adolf-Hitler-Platz eingefunden, wo Julius Streicher von Kreisleiter Zimmermann herzlich begrüßt wurde. ‚Eins möchte ich von vornherein feststellen: Ihr Nürnberger seid nicht hierher befohlen worden. Ihr seid in so ungeheurer Zahl freiwillig hierhergekommen.'"

Gefeiert wird (am Abend nach der Nacht, da man die jüdischen Geschäfte und Wohnungen zerschlug und Juden erschlug) der Sieg über „Alljuda". Man jubelte dem SA-Mob in der Nähe des Platzes zu, wo einst eine Synagoge stand. „Nie mehr wird an dieser Stelle ein solcher jüdischer Tempel stehen." Im Alptraum jage ich durch die dunklen Gassen nach oben, der Burg zu. Die Beine werden immer schwerer; Fuß kann nicht vor Fuß gesetzt werden. Stiernackige und Glatzköpfige verfolgen mich.

Vergessendes Wegfliegen im Sinn. Mit Giannozzo nach oben sehnend. „Welch lüftende Freiheitsluft gegen den Kerkerbrodem unten. Hier ein rauschendes Nachtmeer, drunten ein morastiges Krebsloch."

Als ich 1945, nach dem ländlich-unterfränkischen unheimlichen Idyll der Evakuierung vor dem Bombenkrieg (5107 Tote in Nürnberg, das Inferno des 2. Januar 1945 blieb mir erspart) –, als ich, dem im Dritten Reich dank ängstlich-sensibilisierter Eltern die Abgründigkeit brandstiftender Biedermänner bewusst geworden war, ins morastige Krebsloch des zerstörten Nürnberg zurückfand, erfasste mich die Lebenslust der US-militäradministrierten freien Reichsstadt. Don't fence me in. Beswingte Zeiten. Aber ich bin die verängstigten Gesichter der mit Judenstern gebrandmarkten, ihre Verschickung erwartenden Menschen nicht mehr losgeworden.

Über der Pegnitz zögerlich-verunsichert dahinfahrend. Ein abschweifender Blick ins grüne Geviert des Katharinenklosters, wo Hermann Kesten, ein bisschen denkmal-abseits, aber wachsam, steht; beständig bronzen (dank Wilhelm Uhlig).

Die Draufsicht zeigt einen weiten, beschattenden Hut. Einer, der auch Grund gehabt hätte, Nürnberg zu meiden, der aber immer wieder und immer wieder gern versöhnend zurückkam; nun in Schweigsamkeit versinkend.

> Ich bin ein Spaziergänger
> Ich ging durch hundert Städte
> Immer dieselbe Straße,
> Meine Straße,
> Ich gehe, als wüßte ich wohin,
> Ungeduldig, obgleich ich ankomme
> Wohin ich nicht will...

Hermann Kesten, Genie der Freundschaft, für so viele Verlorene der Emigration Wege der Hilfe weisend. Selbst ein Abgestürzter, andere rettend. „Ich hatte hundert Freunde. Tausende kenn ich bei Namen / Die Erde deckt sie."

Wärmeauftrieb weltzugewandten Humors. Ironischer Blick unter buschigen Augenbrauen auf die Comédie humaine, ein Blick, der seine Habicht-Schärfe in verständnisvolle freundliche Milde zurücknimmt. Keiner hat dieser durchschauenden Physiognomie so Dauer verliehen wie Michael Mathias Prechtl, der geniale, eigensinnige Einsiedler von Langwasser.

Hermann Kesten: Gebranntes Nürnberger Kind; ein beinahe verbrannter Zeitzeuge des Schlimmen. Ermutigend verscheucht er die bedrängenden Schwaden, die Identität mit dieser Stadt zu überlagern drohen. Gerade er: ein Nürnberger.

Sigena – die Freigelassene von 1050 –: Sie war, Emanzipation verheißend, nicht immer eine Nürnbergerin. Nicht 1933, als Julius Streicher im Rathaus tobte: „Die Zukunft wird die Frau wieder in ihr ureigenstes Reich zurückbringen. Wenn es notwendig wäre, daß eine Frau im Reichs- oder Landtage mitspricht, dann hängen wir uns lieber auf."

Heute ist unter den Ehrenbürgern der Stadt eine Frau: gerade weil sie nicht in ihrem „ureigensten Reiche" blieb, sondern seit den Tagen der Weimarer Republik, dann im

Widerstand zum Nationalsozialismus und schließlich vor allem nach 1945 bedeutsame politische Arbeit leistete: Käte Strobel. Aus einfachen Verhältnissen musste sie sich nach oben arbeiten; sie gehörte nicht zu den Bürgertöchtern; aber auch diesen war die Gleichstellung nicht in die Wiege gelegt. Die Loslösung von patriarchalischen Familienstrukturen vollzog sich, trotz freier Reichsstadt, nur langsam und unter vielerlei Wirrungen. Geschichten von frühem und langem Leid, von Tapferkeit und herber Mühsal. Albrecht Dürers Bildnis seiner Mutter: Kann man sich ein Antlitz vorstellen, das ergreifender die Lebens- und Schicksalsfurchen, des Lebens schwere Plage widerspiegelt? Daneben verführerische Verheißung. Dürers Eva. Frugale fränkische Sinnlichkeit.

Die Jeunesse dorée flaniert durch die wieder aufgebaute Stadt; genießt heiteres Beisammensein in urbanen Nischen. Vergessen ist die Strenge der Konvention und überwunden sind die Barrieren gesellschaftlicher Trennung; Sigena lässt grüßen; aber dem Alter mit seiner Schwerkraft kann man letztlich nicht entkommen. Dürers Mutter blickt aus dem Fenster eines der alten Wohnhäuser auf das bunte Leben herab.

Ich gewinne an Höhe: Immerhin wurde in Nürnberg nie eine Hexe verbrannt. Und sitzt auch heute noch in dieser einst „deutschesten aller Städte“ wie zu Heinrich Heines Zeiten vor vielen Türen der Spießbürger, mit weißer Nachtmütze auf dem Kopfe und weißer Tonpfeife im Maule, am lauen Sommerabend vor seiner Haustüre und meint recht behaglich, es wäre doch hübsch, wenn er nun so immer fort, ohne daß sein Pfeifchen und sein Lebensatem ausgingen, in die liebe Ewigkeit hineinvegetieren könnte –, Nürnberg ist dennoch „der edlen Künste voll“.

Vom Krebsloch abhebend, den dunklen, krummen Gassen meiner Kindheit mit ihrer, besonders um den Hauptmarkt herum zu erriechenden sanitären Misere enthoben, wird sie mir, die „treue, fleißige Stadt“, aus der Nähe der Distanz zum Inbild von Stadt. Vom Plärrer zum Tiergärtnertor peripatetisch hinaufschwebend, sinne ich Zukunft versprechender Herkunft nach: „Wo Dürers Kunst gewaltet / und Sachs gesungen hat."

Bei Ansicht dieses unseres bürgerschaftlichen Kosmos darf man freilich nicht vergessen, dass er stets auch unter Aufsicht stand. Einschwenkend über die von einem provinziell-progressivem Wiederaufbaustadtrat festgelegte, bis heute flachbautenlose Dachlandschaft – mit strengem Butzenscheibenblick wird weiterhin Modernität wie Postmodernität unterbunden –, setze ich, setze ich mich (zumindest seit 1990 wehmütig-aufatmend), übers Rathaus „mit amptleuten one zal" hinweg.

> Wer kan ein sollich volck regieren,
> gehorsamlichen ordinieren?
> Er sprach: Das ist in dieser stat
> ein fürsichtiger weiser rat,
> der so fürsichtigklich regiert,
> und alle ding fein ordiniert,
> der alles volck in dieser stat
> in acht vierteyl getheylet hat,
> darnach in hauptmanschafft gar fleissig,
> der sind hundert und zwo und dreissig.
> Fast yedes handwerck in der stat
> auch sein geschworen mayster hat.

Hans Sachs hat die „statt" Nürnberg sehr gelobt, weil er, der nur als Handwerksgeselle einige Jahre unterwegs war, dann aber ständig zu Hause blieb, sie so sehr liebte; aber wohl auch, weil er, dem die beaufsichtigende Stadtverwaltung zum Beispiel 1527 ein Schreibverbot auferlegt hatte, sich mit der Zensur wieder gut stellen wollte.

Schuster bleib' bei deinen Leisten – „dorümb eines raths ernster befelch, das er seines handtwerks und schumachens warte, sich auch enthalte, eynich büchlin oder reymen hinfür außgeen zu lassen!" Immer, wenn die Nürnberger freie Ansichten unter Aufsicht halten wollen (am Königstor gab es ein ermutigendes Gegenbeispiel), sollte man solchen dumpfen

Ballast abwerfen. Reich mir die Hand mein Sachs, KOMM, komm in die Gondula mit mir – und erlebe en miniature, dass Utopia, von dogmatischen Oberlehrern in West-Ost-Nord-Süd gern unter Kuratel gestellt, doch immer wieder ihren Ort findet; wo man sich, vom Ideenhimmel des Nirgendwo herabschwebend, antäuen kann – in Nürnberg und anderswo. Um dann wieder, den bergenden Niederlassungsort für spätere Notlandungen im Bewusstsein, entschweben zu können. „Überall steigen ballone auf, / die lustflotte steht unter dampf / steigt ein, ihr milchmänner, / bräutigame und strolche! / macht los! mit großer kraft / steigt auf / der tag".

In luftiger Erinnerungshöhe, Hans Magnus Enzensbergers Take-off-Devise folgend, wird man assoziativ durchgetandelt, die Richtungen sind bald hin-, bald widerfällig. Die Gedanken noch im saftigen Knoblauchsländer Norden, treibt's mich stracks nach Süden, vom Gemüse-Grün dem Trocken-Sandigen zu. Zuvor noch überquere ich Bedeutungsvoll-Urbanes, die moralische Anstalt des Theaters: dieses freilich, von einer plötzlichen Wolke verhüllt, nur auf einer längst veralteten Stadtkarte mit Vademekum („Wegweiser für Fremde", 1849, mit nötigen Fingerzeigen zur Besichtigung der interessantesten Punkte) rekognoszierend. Den verantwortungs-gelösten Ballonkorb hochziehend, gelingt es mir so, die kantige Aktualität zu umschiffen.

Jetzt bin ich draußen, südlich. Und sehe, dass auch die Kargheit, wo die Versiegelung aufbricht, einigermaßen ertragreich ist. Man kann viele bunte Blümchen entdecken. Die Bienen, so Willibald Pirckheimer in einem Brief 1521, küssen mit süßem Gesummse im Flug dieselben und berauben sie ihres honigreichen Saftes.

„Denn wohin du schauest, alles blüht, alles lacht, so daß nicht nur das Auge von dem anmutigen Bilde ergötzt, sondern auch die Seele wunderbar erquickt wird."

Allerdings – trotz der Kunst, des deutschen Reiches Streusandbüchse ins Paradiesgärtchen umzuinterpretieren (den Nürnbergern fehlt es an üppiger Phantasie keineswegs, sie muss nur angestoßen werden) –: „Die hochgespreizte astarme Weißtanne steht hier sparsam und weitläufig umher... Ein dürrer, kränkelnder Wald gewährt keinen erhellenden Anblick." (Auch nicht schnurgerades Wasser, von kaum einem Schiff belebt.)

Die Nürnberger Erdenschwere freilich, selbst wenn Ernst Penzoldt erdäpfelbewusste Fundierung mehr den Erlangern zuerkannt hat, ist so tiefreichend, dass das Kulturbewusstsein nicht zur modischen Wanderdüne wird. Die Reisenden loben zudem seit Jahrhunderten an den Nürnbergern, dass sie nicht „hoffärtig, nicht ambitiosus, weder ehr-, geld- noch rachgierig" seien, sondern ein „stilles, ruhiges, muthsames, friedliches Gemüt besäßen, ernstlich, überfleißig, aufrichtig" wären und den gemeinen Nutzen bei weitem höher als den eigenen schätzten. Ein moderner Zeitzeuge, dessen stadtpatriotisch-kritischen Studiogesprächseinleitungen unvergesslich sind (Wolfgang Buhl ist gemeint), dieser Nürnberg liebende Zeitgenosse meinte nicht nur, dass die bienenfleißigen Nürnberger im Kleinen groß seien (ein bisschen möchte ich mich da distanzieren: im Großen auch kleinlich!), er prägte den identitätsstärkenden Satz: „Halten die Nürnberger Maß, was sie von den Münchnern scheidet, welche nur die Maß halten."

Ich werfe Sand ab, zum Sand – und schon reißt es mich hoch. „Auf einmal steht der Ballon frei in der Luft, hoch über den Dächern, den Schloten der Fabrikgebäude, vor dem allmählich aufhellenden Himmel seine Silhouette, ein phantastisch großer Tropfen, auf den Kopf gestellt... einen Augenblick unschlüssig, scheint es, bevor er los schießt, senkrecht nach oben und mit einem Rauschen und Knattern, als würde in der Nähe ein Vogelschwarm aufsteigen, zieht er sein schlapp herabhängendes unteres Ende wie einen Kometenschweif nach, und, an den Tragseilen wild hin- und hergeschlenkert, die Gondel."

Nun, so mag es im berauschenden barocken Süden mit seiner an der Maß orientierten Maßlosigkeit zugehen! Norbert Gstrein ist für mein fränkisches Logbuch ein übertreibender Kommentator; aber ich verspüre immerhin eine erwartungsvolle Brise, als es mich nun von protestantischer Gediegenheit

– „die altadelische Neronsburg mit ihren hohen Kirchthürmen und dem herrlich erbaueten Rahthause, mit prächtigen Palästen und starkken Basteyen" nicht, wie weiland Johann Klaj, als sehnsüchtig erwartete Prospektive vor mir, sondern im abgleitenden Rücken –, als es mich nun von protestantischer Gediegenheit über den Moritzberg (monte vide eu) in die flamboyante katholische Schweiz treibt.

„Ebermannstadt, eine kleine katholische Stadt; Kruzifixe und Heiligenbilder findet man allenthalben hier, selbst an den Landstraßen im Überfluß. Die Leute im Bayreuthischen und der ganzen Gegend sind prächtig, wie ich denn überhaupt die Katholiken lieber leiden mag als meine frostigen Religionsverwandten" – nicht ich spreche da, sondern als Lesefrucht Ludwig Tieck, nicht schwebend, sondern zu Fuß, von Erlangen aus, Pfingsten 1793, ins Fränkische hinauswandernd. „Sie haben noch weit mehr vom religiösen Enthusiasmus, sie sind alle sehr freundlich und höflich, sie gehen ganze Strecken mit, um einem den Weg zu weisen. Wenn man nach dem Weg fragt, sind gleich sechs Leute da, die antworten wollen. Im Wirtshaus kommt einem oft die ganze Familie entgegen, kurz, sie sind meistenteils so zuvorkommend höflich und freundlich, als ich es nie geglaubt hätte, da man immer von der Tücke der Katholiken gegen Lutheraner so vieles spricht. In Ebermannstadt waren alle Leute sehr freundlich, besonders die Frauenzimmer, die im Katholischen fast alle blond sind, blaue Augen und einen gewissen schwärmerischen Madonnenblick haben. Die Männer haben fast alle schwarze Haare und sehen aus wie Petrus und Judas auf ihren Gemälden und haben einen scharfen und festen Charakter."

Da gehe ich doch protestierend-protestantisch hoch, zischend stößt der Brenner Heißluft in die Hülle; absetzen möchte ich mich von einem, der sich dem schönen Nürnberg, das so früh die „wittembergisch nachtigal" schlagen hörte, eigentlich mehr verpflichtet fühlen müsste – durchwanderte er, Ludwig Tieck, doch mit seinem Bruder im Geiste Wackenroder die „krummen Gassen, betrachtete mit kindlicher

Liebe die altväterlichen Häuser und Kirchen, denen die feste Spur der alten vaterländischen Kunst eingedrückt ist". Aber zu wenig hat man wohl, kunstliebenden Klosterbrüdern auf den Leim gehend, erkannt, dass der prä-(wie post-)moderne charismatische Ästhetizismus seine Tücken hat.

Bayreuth nicht mehr sehr ferne! Zum ersten Mal wird's mir beim Höhersteigen schwindlig. Der Zug an der Ventilleine bewirkt ein Hinabtauchen ins beruhigende fränkischschweizerisch-ökumenische Grün. Glitzernd springen die Forellen hoch – Ludwig Richter bemerkte, verwundert ob des Fischreichtums der Fränkischen Schweiz, dass sie die Größe von kleinen Karpfen hätten. Doch Landung im verwittertem Wirtshaus, trotz aufsteigenden Küchendüften, vertan! Dahintreiben über Felsenriffs. Weitung.

„Über Baireuth hing ein brennender Theatervorhang aus Nebel. Die Sonne stand als Königin der Bühne auf dem Gebürge und schauete dem Herunterbrennen des bunten Schleiers zu, dessen flatternde, glimmende Zunderflocken die Morgenlüfte über die Blumen und Gärten verwehten und streuten. Endlich glänzte nichts mehr als die Sonne, von nichts als dem Himmel umgeben... alle Gebäude kamen ihm wie schimmernde, aus dem Äther gesunkne, festere Luft- und Zauberschlösser vor."

Der Sphärenschiffer Jean Paul inspiriert mich immer wieder zu spirituellem Höhenflug – „so weit über das Gewölke des Lebens hinauszudringen, daß man die ganze äußere Welt mit ihren Wolfsgruben, Beinhäusern und Gewitterableitern von weitem unter seinen Füßen nur wie ein eingeschrumpftes Kindergärtchen liegen sieht".

Und um glücklicher (nicht glücklich) zu werden, falle ich gerne mit ihm sanft ins Gärtchen herab, „um mich da so einheimisch in eine Furche einzunisten, daß, wenn man aus seinem warmen Lerchenneste heraussieht, man ebenfalls keine Wolfsgruben, Beinhäuser und Stangen, sondern nur Ähren erblickt, deren jede für den Nestvogel ein Baum und ein Sonnen- und Regenschirm ist".

Die Rollwenzelei im Nahblick, wo ER sich so oft Rosen und Hollundertrauben im Teig herausbrutzeln ließ, umkreise ich, auf ambivalenter Höhe, die mir heute fremde Stadt, den platten Hügel mehr als Gebirge fürchtend. Anstößig bleibt er mir.

Ich kenne die Stadt nicht mehr
aber als ich sie kannte
wurde dort im Braunen gefischt
völkische Essenträger wirkten emsig
das geistige Brot dem Organismus Volk zuführend
Einst ging ich der Stadt
sehe mich drunten
auf einem früheren Pfad
ging ihr entgegen
die niedlichen Dörfer mit glücklichem Abendfrieden
und kreisendem Krug aufgeschäumten Bieres
ging ihr entgegen
wanderschuhbeflügelt
den Stab schwingend
stand da am Wegesrand das Schild
Wir grüßen unseren Führer. Heil Hitler!

Die Böen eines aufziehenden Gewitters meidend – Walkürenritte sind mir faszinierend-zuwider (Apokalypse now intonieren sie drohend) –, versuche ich, auf Nachsommer-Äquilibristik mich einzupendeln. „Astern – schwälende Tage, / alte Beschwörung, Bann, / die Götter halten die Waage / eine zögernde Stunde an."

Was wird aus dem Gottfried-Bennschen Parlando daseinsvergessender Entrückung, wenn es in fränkische Hände fällt? Was aus der Exorbitanz von Schwalben durchschwirrter Abenddämmerung? Aus dem Noch-einmal-der-Rosen-Du? „Hemmweh. Fräd und Schmarz." Nürnberger Liebesspiel á la Kusz. „Lou/ a/ mall/ denn/roll/ loo/ roo..."

Wenn man auf dem Frankfurter Flughafen, früh ankommend, übernächtigt vom Interkontinentalflug, das Nürnberger Gate sucht, kann man sich als Wegfindung getrost den stolz-lauten

Urlaubs-Draußen-Gewesenen anschließen, die mit geschwellter Brust der Noris zustreben. Etzetla woa mer a weng in Florida.

„Wir Luft-Schiffahrer des Geistes! – Alle diese kühnen Vögel, die ins Weite, Weiteste hinausfliegen – gewiß! Irgendwo werden sie nicht mehr weiter können und sich auf einen Mast oder eine kärgliche Klippe niederhocken – und noch dazu so dankbar für diese erbärmliche Unterkunft... Wohin wollen wir denn? Wollen wir denn über das Meer? Wohin reißt uns dieses mächtige Gelüste, das uns mehr gilt als irgendeine Lust?"

Nietzsche beantwortend: Das Land der Griechen und die Sonne bei Capri habe ich eigentlich nie mit der Seele und auch nicht mit Hilfe des Amtlichen Bayerischen Reisebüros gesucht. Es langt mir das bayerische weiß-blaue Meer. Dort verfließen die seichten fränkischen Karpfenteiche zur möwen- und segelboot-beschwingten, aber keineswegs uferlosen, sondern inseldurchbrochenen azurnen Weite. „Dahinter die Wand des Gebirges. Dünn und blau stand sie gegen den Himmel, der lückenlos auf ihren Berggraten aufgesetzt war."

Gelassene liberale Offenheit ist auch im Frankenland von transzendierender Kraft und hat vielfältige historische Wurzeln. Vor allem in der Abendstimmung kommt sie zum Vor-Schein: wenn das Altfränkische, das sich ja überallhin aussamt – Günter Grass weiß es: „Grauwacke, Rehwinkel, laubgesägte Tannen, / Karst, Abs und Kulmbacher Bier / altfränkische Wolken über dem Heidegger Land –," wenn das gartenbezwergte, verhockt-bodenständige Altfränkische im Clair-obscur der Dämmerung seine Fachwerkkonturen verliert, in aufgehobene Tradition sich öffnend.

Am Nachmittag noch strich ich ganz tief am gemütlichen „Drunten" vorbei; sah in die verhangenen, dämmrigen guten Stuben mit ihrem kuscheligen Plüsch hinein. Nun abends, im Droben, tunken die Abendwolken das Quirlig-Frankophile ins Irgendwo und Irgendwann. Die Partitur von Ballonfahrers Nachtlied – über allen fränkischen Gipfelchen ist Ruh – wird vom Mond erhellt, der überm Horizont heraufrollt. Mond und Ballon drehen sich weg von den Gärtchen und Dörfchen und

Städtchen und Mädchen und Bierkrüglein und den Schäufele mit Klöß. Finden ihren Weg zwischen den Sternen. Da wird nichts mehr eingetrichtert; da hört man das Quaken der Merker im Froschpfuhl nicht. „Alles war fremd. Die vertraute Wohnlichkeit derselben war schon nicht mehr sichtbar, und mithin auch nicht die Fäden, die uns an ein theures kleines Fleckchen binden, das wir Heimat nennen. Wie große Schatten zogen die Wälder gegen den Horizont hinaus."

In Adalbert Stifters „Condor" erträgt das Weib den Himmel nicht. „Ein jäher Zug an einer grünseidenen Schnur – und wie ein Riesenfalke stieß der Condor hundert Klafter senkrecht nieder in der Luft. Der Lord hielt die ohnmächtige Cornelia in den Armen."

Als Nürnberger und Franke, durch Stadtluft fürs parterre trainiert, ertrage ich den Himmel nur stundenweise. Zudem mahnt die Nacht zur Vorsicht. Die Erinnerung an Giannozzos schlimmes Ende hält von weiteren exorbitanten Wagnissen ab. Den Gutschein für eine reale Ballonfahrt, auf Wiedervorlage, werde ich verfallen lassen. Aber auch bei Ballonfahrten virtueller Realität kann man – überheizt man das metapheröse Volumen des Erinnerns – abstürzen. „Sein rechter Arm und sein Mund waren weggerissen, das Horn zum Teil geschmolzen, seine langhängenden Augenbrauen auf den hohen Augenknochen kahl weggebrannt und sein Gesicht sehr zornig verzogen."

Noch nicht. Wo landen? Dort, wo mein Wähnen Ruhe findet. Der Ort ist im Nahverkehr leicht erreichbar; aber im Schlaf verliere ich auch ihn. Und am Tag wird die Lebensaussicht zu einem immer enger werdenden Kreis.

Eine schon tief herbstliche Nacht, voller November, ist eingebrochen. Der gelbe Mond – der Ballon geht nieder – steigt, unberührt von der unerträglichen Dunkelheit des Seins, immer höher. Herbstliche Kühle. Acherontisches Frösteln. Doch Lichtern entgegenschwebend. Leichtes Schlingern. „Erde, du liebe, ich will." Ich will mich auf den Frühling freuen.

ICH

Erinnerungsarbeit

Das Ich sitze in einem Drehstuhl und sehe auf eine überwundene Zeit, heißt es einmal bei Hubert Fichte. „Mit dem Ich kommt alles auf mich zu und verschließt sich mir und geht und wird zu Vergangenheit. Ich kennt nur sich selbst, nur die unironischen, unsympathischen drei Buchstaben." Das Bild vom Drehstuhl gefällt mir. Die statische Beweglichkeit, die bewegliche Gelassenheit des Sich-Erinnerns wird damit „lokalisiert". Man blickt auf dieses und auf jenes, von einer fest bezogenen Position aus und montiert das im Zurückrufen Erschaute. Man steigt nicht hinauf in die Höhen eines zeitverleugnenden sentimentalen Pathos, lässt sich nicht herabziehen von der Schwerkraft der Vergänglichkeit, die sprachlos macht. Spielerisch distanziert man sich von der überwundenen Vergangenheit.

Überwunden? Sie kommt schmerzlich zurück, wird aber aufgehoben – überwunden, erhalten, erhöht durch Worte. Mit deren Hilfe schiebt man die im Erinnern drohende neue Nähe weg, ohne deshalb auf Entfernung zu gehen. Das Ich im Drehstuhl erkennt: Nichts war wirklich wichtig, alles war nichtig und doch erhält das Nichtige die Aura des Wichtigen. Der sich Erinnernde erhebt das Bedeutungslose ins Bedeutende.

Mit dem Ich komme alles auf mich zu und verschließe sich mir und gehe und werde zu Vergangenheit. Die Vergangenheit zu verdrängen ist heilsam, denn Gegenwärtiges und Zukünftiges würde durch sie zu sehr belastet. Wenn man sie aber zurückruft und angesprochen hat, verliert sie die aus der Verdrängung herüberwirkende Irritation. Man hat sie zwar nicht bewältigt, fühlt sich aber ihr gegenüber sicherer. Das Unbeständig-Chaotische traumatischer Bilder wird durch stete Erinnerungsarbeit geordnet. Man gewinnt als bewusstes Ich, das sich mit Geschehnissen, Menschen, Räumen auseinander setzt, dem anarchisch brodelnden Es gegenüber Contenance, Ausdruck, Prägung, Stil – alles andere bedeute Untergang, so Gottfried Benn.

Dass das Ich, noch dazu, wenn es auf dem Drehstuhl sitzt, nur seine unironischen, unsympathischen drei Buchstaben kenne, das Selbst im Ich ganz aufgehe, ist mir zu egozentrisch formuliert. Natürlich darf man das Nachdenken des Ich über sich selbst nicht mit der Aura der Selbstlosigkeit versehen; der autobiographisch Schreibende denkt, indem er an sein Publikum denkt, vornehmlich an sich. Indem er dies aber ironisch tut, also sich von sich selbst zu lösen trachtet, versucht er, auf ein Allgemeines hin zu transzendieren. Die unsympathischen drei Buchstaben des Ich können, so meine ich, vor allem durch Beschreibung des Geschehenen „neutralisiert" werden. Die Empathie bedarf nicht wortreicher Beglaubigung; sie wird durch die Position, von der aus man die Erinnerungsbruchstücke auswählt und fixiert, deutlich. Der arme alte Mann, der – einsam, ohne Familie, ohne Freunde, stimmlos geworden – herumirrt, und dann eine Jugenderinnerung (Klassenfahrt nach Nürnberg) zum Anlass nimmt, dort „auszusteigen", Selbstmord zu begehen – solche Geschichten bedürfen nur „narrativer Festlegung"; das flüchtige Ereignis erhält durchs „Erzählen" sein unauffälliges Denkmal.

Um 17.30 Uhr eines Märztages verbohrte ich mich, am Boden auf dem Teppich liegend, mit meinen Blicken in ein altes Stück Holz, das der Diele eines fränkischen Bauernhauses entstammte. Es gehört zu den unnützen Dingen, die man, Gegenmittel zu Entfremdung, als Identitätshoffnung aufhebt, übrig geblieben beim Abbruch eines von Wasser und Schwamm zersetzten Hauses, in dem die Bäuerin F. wohnte, ehe sie wegen unheilbarer Depressionen ins Bezirkskrankenhaus eingeliefert wurde, immer „Ja mei" stammelnd und dass der „große Gott" schon kommen werde; auf verfügbares Papier malte sie kleine Kreuze.

Ins Holzstück versuchte ich einzudringen, um etwas vom verborgenen Sinngefüge der Welt zu erfahren. Natürlich völlig vergeblich; denn ich konnte mir nicht einmal erklären, was die Konsistenz von Holz ausmacht, wie ein Molekül, wie ein Atom nun wirklich aussieht – irgendwie Leere, zusammengehalten durch Kraft und dabei so fest und so fränkisch. Das alles war hoffnungslos verworren und auch die Lampe, die ich nun anvisierte, gab mir kein Geheimnis preis; nicht einmal ihr gelbes Licht konnte ich verstehen, denn es gibt bekanntlich gar keine objektive Farbe; alles Sinnestäuschung oder so. Ich resignierte und blieb auf dem Rücken liegen; als die Nacht hereinbrach, wurden meine Gefühle und Gedanken immer finsterer. Den dann in einem Fenster auftauchenden Stern dekretierte ich zum Abendstern.

Ich raffte mich mühsam auf, um, heute bereits zum wiederholten Male, eine mir gefährlich dünkende Hautrötung zu betrachten, wobei ich mich leicht verrenkte und erneut an das fränkische Holzstück dachte, das nun, jeder Veränderung durch sein Abgestorbensein enthoben, genau die Immanenz verkörperte, die menschlicher Existenz so fern liegt. Wenn es jedoch verbrennen würde, bliebe auch nur Asche übrig und die Dauerhaftigkeit zerfiele.

In meinen Gedankengang montierte ich einen einfachen Satz: Vor lauter Angst bin ich eingeschlafen und froh, voller Angst wieder erwacht zu sein. Mich beschäftigte zunächst die Zuspitzung der beiden Erfahrungen; ich fragte mich, ob die sprachliche Formulierung angesichts der Bodenlosigkeit des Vorganges – der Schlaf als nächtliche Todesfalle! – elaboriert („ausgeklügelt") sein dürfe; ob man die Anstrengung aphoristischer Ausdrucksweise wagen könne. Was bedeutete: „Schlaf ich vor lauter Angst ein", wo doch eigentlich Angst wach hält? Oder schläft man ein, wenn die Angst einen Augenblick aussetzt und so das Versinken ermöglicht? Erschöpfung durch Angst macht Schlaf möglich; so hielt ich die Formulierung aufrecht, verkürzte sie aber:

> Vor lauter Angst bin ich eingeschlafen
> voll lauter Angst bin ich aufgewacht.

Dies schien mir prägnanter zu sein. Freilich zweimal das Wort „lauter" zu verwenden, mag manieriert wirken; zudem dürfte der Wechsel von „vor lauter Angst" in der ersten Zeile zu „voll lauter Angst" in der zweiten eine zusätzliche semantische Eigenart bedeuten. Mich am fränkischen Holzstück festhakend und damit bodenständig ernüchtert, meinte ich schließlich, dass eine Formulierung „voll lauter Angst" nicht zu rechtfertigen, lediglich formale Spielerei sei, ich nahm das zweite „lauter" heraus:

> Vor lauter Angst bin ich eingeschlafen
> voll Angst bin ich aufgewacht.

Damit war aber, im Gegensatz zur Kunstfertigkeit der vorausgehenden Formulierung, eine solche Vereinfachung eingetreten, dass ich das Papier mit den beiden Zeilen wegwarf. Ich nahm meine Rückenlage, die ich mit einem Rundgang durchs Zimmer unterbrochen hatte, wieder ein und dachte an das Dahinvegetieren der fränkischen Bäuerin, deren Haus, nun eingeebnet, nur noch in dem Dielenholzbruchstück schemenhaft bewahrt blieb.

Einer durch nichts begründeten Laune folgend, warf ich dieses zum Fenster hinaus, holte es aber am nächsten Morgen wieder zurück, irgendwie abergläubisch, dass man Geworfenheit nicht mutwillig provozieren solle, man sie am besten wieder heimholt. Da fiel mir ein, dass sich mancher Tageslauf durch ein solches Hin und Her beschreiben ließe. So entstand folgender erzählender Neun-Zeiler, wobei dann das Holzstück keine Rolle mehr spielte, seine katalysatorische Aufgabe erfüllt hatte:

> Von der Angst
> soll Arbeit mich erlösen
> von der Angst nach der Arbeit
> das Lesen
> vom Lesen
> der Schlaf
> dankbar bin ich
> wenn ich wieder aufwache
> für die Angst

Ich muss nun freilich vermerken, dass ich gar kein Stück Holz von einer fränkischen Bauernhausdiele besitze und es somit auch gar nicht aus dem Fenster hatte werfen können. Allerdings habe ich viele andere Holzstücke irgendwelcher Bezüge gesammelt. Ich hatte realiter mein Auge einige Minuten lang auf ein Astloch in der verbretterten Decke meines Zimmers gerichtet, dieses ansonsten schön zugeschnittene und gehobelte Brett aber als metaphorisches Transportmittel verworfen und mir die Geschichte mit dem fränkischen Bodendielenbruchstück zurechtgezimmert. Um zu verdeutlichen, dass Gegenständlichkeit die Ichbezogenheit zu mildern und das Hinwegprojizieren von Angst zu erleichtern vermag.

Der Text beschreibt also, warum man immer wieder etwas anpacken muss, um nicht haltlos zu werden. Damit wurde das fränkische Holz zu einem freilich etwas wirren Gleichnis; der Besitz von wirklichem Holz war, da es um Fiktionalität ging, nicht mehr vorrangig. Der narrative Text schien mir zu hölzern; ich ersetzte ihn durch folgende Zeilen, die allerdings ziemlich unverständlich sind (was ein modernes Gedicht jedoch aushalten kann):

> Die Geworfenheit des Holzes
> hält mich, es zurückholend, fest
> der armen Bäuerin gedenkend,
> die immer Kreuze kritzelte
> wie ich verloren –
> aber auf dem Teppichboden des warmen Zimmers
> abgepolstert
> Augenblick, der dich
> im Nichtbegreifen ruhig macht.

Ich dachte, dass der Rückbezug auf die Teppichunterlage notwendig sei, um die Metaphysik der Spekulation wieder auf den Boden, auf dem ich sowieso lag, zurückzuführen.

Autobiographische Texte leisten einen Beitrag zur Ich-Konstruktion. So ich-bezogen der Autobiograph auch sein mag, sei es in Tagebüchern, Briefen, Lebensbeschreibungen, Biographien oder fiktiv angereicherten Texten: indem er etwas niederschreibt und vielleicht später drucken lässt – oder hofft, dass dies geschieht –, fügt er seiner Leib-Existenz quasi eine Textexistenz hinzu und beide zusammen sind nun die Darstellung seines Ich. „Während beispielsweise jemand, der Tagebuch schreibt, eher den Prozeß seiner Ich-Konstruktion dokumentiert, legt der rückblickende Autobiograph eher den Wert auf die Re-Konstruktion seines Ich. Freilich: Solange der Schreibende lebt und bei Bewußtsein ist (sonst kann er nicht schreiben oder etwas mitteilen), verändert er sich. Im Gegensatz zum Geschichtsschreiber kann es ihm primär nicht darum gehen, zu notieren, ‚wie etwas gewesen ist'. Indem er sich der Erinnerung anvertraut, bedient er sich dieser zugleich als Instrument für seine Ich-Konstruktion. Während das Alltags-Ich häufig stumm bei seinen routinisierten Handlungen bleibt, hilft ihm das Text-Ich zu bedeutsamerer Existenz auf. Die Erinnerung dient fast immer der Mythisierung; sie arbeitet sich an einem Thema ab, versucht eine Tendenz aufzuzeigen. Fazit: Autobiographische Texte, so unterschiedlich die Anlässe und Zwecke sein mögen, sind immer dialogisch – ohne Rezipienten (Leser, Hörer) wird das Text-Ich zur Makulatur. Und: Wenn jemand sich zum Ausgangspunkt oder Anlaß des Schreibens nimmt, so sagt er immer eine Botschaft, die der Hörende oder Lesende vernehmen soll. In beidem, der Rezipienten-Beziehung und der intentionalen Struktur, ist Pädagogisches enthalten. Was wir erfahren und lernen können, das freilich ändert sich je nach den Motiven, Formen und Themen der Ich-Konstruktion in gesprochenen (transkripierten) oder geschriebenen Texten." (Dieter Baacke; mein Freund ist auch schon tot. Sein Bewusst-Sein, das er hatte, als er das schrieb, verlöscht. Wohin verschwunden?)

Von den kleinen Vignetten persönlicher Erinnerung zum biographischen Zeitgemälde ist ein großer Sprung. Die beste Erinnerungsarbeit versagt da, wenn man nicht – wie zum Beispiel Goethe – aus „engem Privatleben in die weite Welt gerückt" wurde und die Einwirkung von Hunderten bedeutender Menschen erfuhr. Denn, so schreibt er, „dieses scheint die Hauptaufgabe der Biographie zu sein, den Menschen in seinen Zeitverhältnissen darzustellen und zu zeigen, inwiefern ihm das Ganze widerstrebt, inwiefern es ihn begünstigt, wie er sich eine Welt- und Menschenansicht daraus gebildet und wie er sie, wenn er Künstler, Dichter, Schriftsteller ist, wieder nach außen abspiegelt. Hierzu wird aber ein kaum Erreichbares gefordert, daß nämlich das Individuum sich und sein Jahrhundert kenne, sich, inwiefern es unter allen Umständen dasselbe geblieben, das Jahrhundert, als welches sowohl den Willigen als Unwilligen mit sich fortreißt, bestimmt und bildet, dergestalt, daß man wohl sagen kann, ein jeder nur zehn Jahre früher oder später geboren, dürfte, was seine eigene Bildung und die Wirkung nach außen betrifft, ein ganz anderer geworden sein."

An solchem Anspruch gemessen verzagt die „kleine" Erinnerungsarbeit; und kann sich doch auch herausgefordert fühlen: Wenn sie nämlich offen und selbstkritisch daran geht, den eigenen Wandel dadurch zu erfahren, dass sie das jeweils Erinnerte „vergleicht" – im doppelten Wortsinne: um zu sehen, was anders geworden ist, wie man anders fühlt, anders denkt, anders lebt, und um Altes und Anderes miteinander zu versöhnen, im Sinne des ganzheitlichen Selbstseins, das sich in seine Identität „hineinerinnert", „hineinspricht", „hineinschreibt". Zwischen dem Glück der Bewusstlosigkeit und unglücklichem Bewusstsein kann die „Zunge" vermitteln; im Ansprechen und Aussprechen schafft sie Augen-Blicke der Enthebung. Aber die Zeit zerstört wieder solches Einhalten (solche Beschwörung des Verweilens); das Ausgesprochene kann der Vergänglichkeit nicht standhalten, die zunächst „gerettete Zunge" (Elias Canetti) ist wieder gefährdet.

KURZBIOGRAPHIEN

Hermann Glaser, geb. 1928 in Nürnberg. Studium der Germanistik, Anglistik, Geschichte und Philosophie in Erlangen und Bristol 1947 bis 1952; Promotion 1952; Lehramtsexamen und Eintritt in den Schuldienst. Von 1964 bis 1990 Schul- und Kulturdezernent der Stadt Nürnberg. Autor zahlreicher Bücher und Aufsätze zu pädagogischen, sozialwissenschaftlichen, kulturgeschichtlichen und kulturpolitischen Themen. Bis 1990 Vorsitzender des Kulturausschusses des Deutschen Städtetags. Mitglied des PEN, Honorarprofessor an der TU Berlin. – Glaser wurde mit dem Waldemar-von-Knoeringen-Preis, Schubart-Preis, Großen Kulturpreis der Stadt Nürnberg, Verdienstkreuz am Bande des Verdienstordens der Bundesrepublik Deutschland, dem Wolfram-von-Eschenbach-Preis und der Karl-Bröger-Medaille ausgezeichnet.

Silke Dörlitz, geb. 1963 in Gera/Thüringen; 1986 Studienabschluss als Spielzeugdesigner in Sonneberg/Thüringen (Dipl. Designer FH). Lebt und arbeitet seit 1992 in Gunzenhausen/Mittelfranken. Seit 2015 intensive Beschäftigung mit Kalligrafie und Buchmalerei. 2017 Abschluss des Kalligrafie-Fernstudiums. Eigene Kalligrafie- und Gestaltungskurse; Ausstellungen, u.a. „Martin Luther – Kalligrafische Inspirationen" 2017. „Schreiben und Malen sind für mich wie das Versinken in eine andere Welt".

VERLAGSWERBUNG

Hermann Kesten im Gespräch mit Hermann Glaser, Foto: Horst Schäfer

Ein Panorama fränkischer Kultur

Die ersten 15 Bände der neuen Reihe Buchfranken

von Michael Stephan

»Aufschreiben, dass sich eigentlich gar nichts ereignete. Sprechen, bis sie dir die Kinnlade festbinden und du reglos daliegst. Als ob man Heimat finden könnte. Wo sie doch da ist.«

Dieses Zitat stammt aus dem *Zweifelnden Vorspruch*, mit dem Hermann Glaser seine *Familienprosa* mit dem Titel *Irgendwie traurig, vielleicht auch heiter* einleitet. Ein eigener Abschnitt in der 1981 erstmals veröffentlichten Sammlung von kleinen autobiografischen Texten lautet *Frankenland*. Wie der Luftschiffer Gianozzo, eine Figur des (nicht nur) fränkischen Literaturheiligen Jean Paul, erhebt sich da Hermann Glaser auf einer Ballonfahrt über die fränkische Landschaft (»ein Land zusammenhockender Bodenständigkeit«). Da war es nur konsequent, diese geistreichen Skizzen von Franken (und dem Rest der Welt) in die neue Buchreihe *Buchfranken* aufzunehmen (als Band 10), die Hermann Glaser 2016 selbst initiiert hat und die er seither zusammen mit dem rührigen Verleger Johannes Schrenk in dessen gleichnamigem Verlag im mittelfränkischen Röttenbach herausgibt.

Hermann Glaser, Kulturhistoriker, Publizist und langjähriger Nürnberger Kulturreferent (1964–1990), versteht sich selbst als »Kulturbürger« und ist der Nestor dieser selten gewordenen Menschengattung (er wird am 28. August 2018 90 Jahre alt!). Erst 2015 hat er eine voluminöse Literaturgeschichte Frankens vorgelegt hat (vgl. die Rezension von Klaus Hübner in *Literatur in Bayern* 122). Aber Glaser ist viel breiter aufgestellt und hat sich immer engagiert zu allen möglichen gesellschaftspolitischen Themen geäußert – von Deutschlands brauner Vergangenheit bis hin zu den drängenden Grundfragen des 21. Jahrhunderts. Diese Einstellung prägt auch die Konzeption und Spannweite dieser neuen Reihe mit »Büchern über und aus Franken« mit dezidiert fränkischen Autoren und fränkischen Themen. Das reicht von *Das braune Franken* (Band 8) bis zu *In Franken wieder Heimat finden* (Sonderband 1).

In dem Sammelband zur NS-Zeit zeigt Rainer Hambrecht, der frühere Leiter des Staatsarchivs Coburg, dass die »Brücke Franken« samt einem ihrer Pfeiler namens Coburg eine entscheidende Station »für Hitlers Weg von München nach Berlin« war. Und in dem von Hermann Glaser herausgegebenen Sonderband gehen alle Autoren dem »Schicksal von Glaubensflüchtlingen, Heimatvertriebenen, Gastarbeitern, Kriegsflüchtlingen und Asylsuchenden« in Geschichte und Gegenwart nach – mit viel Empathie und großem menschlichen Verständnis (konsequenterweise fehlt unter den Autoren Godehard Schramm, mit dessen Miniaturen über drei mittelfränkische Landkreise die Reihe *Buchfranken* noch gestartet ist, der sich aber in seinem 2016 erschienenen Landkreisbuch über Neustadt a. d. Aisch - Bad Windsheim mit fremdenfeindlichen Äußerungen über die gegenwärtige Flüchtlingspolitik ins Abseits geschrieben hat).

Zwischen Furchenglück und Sphärenflug heißt ein anderer Band in der Reihe *Buchfranken* (Band 5), auch wieder neu aufgelegte Essays von Hermann Glaser zur Idyllik bei Jean Paul, Ludwig Richter und Ernst Penzoldt, aber der Titel könnte programmatisch für die ganze Reihe stehen. Das Furchenglück steht für Heimat – aber ohne Tümelei und Engstirnigkeit, Sphärenflug für Überblick und Orientierung in schwierigen Zeiten.

In der Reihe sind bislang drei Staffeln zu je fünf Bänden erschienen (die erste 2016, die zweite im Frühjahr 2017, im Herbst 2017 die dritte), die zusammen ein buntes Panorama fränkischer Kultur eröffnen. Im Bereich der Literatur kann man *Auf den Spuren von Hermann Kesten in Franken* (Band 14) wandeln oder *Fränkische Spuren in Lateinamerika* (Band 13) nachverfolgen. Neben der Prosa von Hermann Glaser gibt es *Gedichte von Vergessenen* wie Otto Laser, Johannes Wilfert und Hildegard Jahn-Reinke wiederzuentdecken (Band 7). In den literarischen Kontext gehören auch zwei Mainfranken-Reisetagebücher aus den Jahren 1939 und 1940 (Band 2), *Amerikanische Dichter und Denker in Franken* (Band 4) oder *Die ganze Welt ist Bühne* über die Theaterlandschaft in Franken (Band 15).

Das Spektrum fränkischer Kultur reicht aber noch weiter: im Bereich der Technik von Nürnbergs Rolle in der Elektrogeschichte (Band 3/2016) bis zu dem Ingenieurpionier Conrad Georg Kuppler (Band 9/2017); dazu noch zwei Bände mit der Geschichte und Geschichten eines Fußballjahrhunderts (*Fußball in Franken*, Band 11 und 12). Schließlich darf beim Thema Kultur das Genüssliche nicht fehlen und so hat Hermann Glaser unter dem Titel *Lukullus in Franken* (Band 6) noch eine illustrierte Anthologie zu Essen und Trinken zusammengestellt.

Neben den bisher 15 Bänden sind auch zwei Sonderbände erschienen. Außer dem schon erwähnten Sonderband zur Migrationsgeschichte, der noch einmal deutlich zeigt, wie sehr dieses Thema schon immer und im Grunde integrativer Bestandteil unserer Geschichte ist, hat Hermann Glaser als Sonderband 2 unter dem Titel *Lichtbild(n)er* noch ein »fränkisches Bilderbuch des Meisterphotographen Horst Schäfer« herausgegeben.

Während die ersten Bände vom äußeren Erscheinungsbild noch recht schnell und einfach produziert wirken, hat der Verlag ab Band 11 der ganzen Reihe einen Relaunch verpasst, so dass sie nun mit ihrem farbenfroheren Outfit und einer besseren Gestaltung des Layouts im Inneren viel ansprechender wirkt. Der gute Inhalt hat diese bibliophile Aufmachung verdient und man darf gespannt sein, wohin die Reise bei dieser Reihe noch gehen wird. Hermann Glaser ist jedenfalls angekommen. Über seinen Wohnort im mittelfränkischen Roßtal heißt es in *Ankommen in R.* (aus seiner *Familienprosa*): »Heimat ist Ankunft – verweilen will man im Territorium der Seinsgewissheit. Hier ist das Glück konkret zu Hause.«

Michael Stephan in: Literatur in Bayern, 33. Jg, Heft 131, März 2018, S. 14-15

Hermann Glaser: Franken. Eine deutsche Literaturlandschaft. Epochen, Dichter, Werke. Gunzenhausen [Schrenk- Verlag] 2015, ISBN 978-3924270667, 581 S. geb., 18,4 x 24,8 cm, 65 €

Hermann Glaser ist ein Erzähler, dessen narrativer Unterhaltsamkeit seine so breit angelegte wie tief grabende wissenschaftliche Kompetenz nicht im Wege steht, ein „narrator doctus" mit eigener literarischer Qualität. Hermann Glaser muss dies längst nicht mehr beweisen, dazu ist sein bisheriges Oeuvre groß genug, aber mit zunehmendem Alter bereitet es dem früheren Nürnberger Kulturreferenten offen¬bar Freude, den in der kulturpolitischen Weite geschulten Blick wieder auf das Naheliegende zu konzentrieren, und für den überzeugten Franken ist das nun einmal die regionale Heimat. Diese Konzentration ist keine Beschränkung. Dem Fokus auf die Nähe stellt Glaser einen 350seitigen Teil voran, der in gängiger Epochen-Gliederung deutsche Literaturgeschichte beschreibt, freilich immer auf der Suche nach „Leitfiguren" und mit den eigenen intellektuellen, zitatgestützten Bewertungen, die Glasers Arbeiten seit je auszeichnen. So konzentriert er die Aufklärung auf das Streben nach der besten aller Welten, die Romantik als „Suche nach dem Wesensgrund" und den Expressionismus als Hoffnung des „lichtlosen Prometheus" auf den neuen Menschen. Jedem Kapitel ist zudem ein „Glossar" angefügt, das wesentliche Autoren - gewürdigte und zu kurz gekommene - biographisch vorstellt.

Schwieriger wird die Aufgabe beim zweiten Teil, bei dem Glaser gleich zu Beginn zugibt, dass die „Herausarbeitung dessen, was jeweils als essentiell fränkisch sich zeigt", keine klaren Kriterien, keine eindeutige Zuordnung erlaubt. Vollständigkeit ist ohnehin nicht Glasers Anliegen, obwohl er unter den fast 1.500 im Namensregister aufgeführten Dichtern über 160 Franken mit Lebens- und Werkdaten hervorhebt. So fehlt Christine Neudecker (die schon beim Erlanger Poetenfest neben Glaser gelesen hat) und kommt Richard Wagner nur deshalb zur Ehre der regionalen Zuordnung, weil er Hans Sachs auf die Bühne gehoben hat. Aber es geht dem Autor eben nicht um eine Aneinanderreihung von Biographien. Vielmehr verfolgt er sichtlich die durchaus politische Absicht, gegen die „überhebliche Ignoranz gegenüber Franken, die man etwa im Süden Bayerns oft antrifft", anzuschreiben, was ihm auf dem 1.000 Jahre langen Weg von Ezzo bis Enzensberger und Wollschläger mehr als überzeugend gelingt.

Zum Leseerlebnis wird das zwei Kilo schwere Werk nicht nur durch Glasers narrative Kompetenz, sondern auch durch seinen Aufbau. Gerade im fränkischen Teil steht die Literatur immer im Kontext der lokal agierenden, oft aber europäisch bedeutsamen

Geschichte. Hinzu kommt eine reiche Auswahl an Bildern, deren Bezüge zu Landschaft und Literatur jeweils treffsicher erläutert werden. Raum dafür bietet ein Randstreifen auf allen Seiten, der dem Buch nicht nur Layout-Gestalt gibt, sondern auch die Illustrationen mit dem Text vernetzt. So erscheint das „Nürnberger Friedensmahl", das die Exekution des Westfälischen Friedens zur geselligen Völlerei machte, als historisch bedeutsames Spektakel, präsentiert dazu Rathaus und Ratssaal als Orte von europäischer Relevanz und zitiert die lyrische Zusammenfassung der Speisenfolge: „Was Jäger auf der Bahn / was Vogler auf dem Heerd / was Fischer in dem Kahn / dem Wald / der Luft / der Flut mit Netzen abgestricket / wird zu der Glut / von dar zur Taffel überschicket." (von Harsdörffers Kollegen Johann Klaj).

Wie bei jeder Literaturgeschichte wird es in der Gegenwart besonders schwierig, wo die Auswahl nur bedingt durch die historisch erwiesene Bedeutung legitimierbar ist. Trotzdem – oder gerade deshalb –zeigt sich Glasers Griff in die fränkische Moderne als treffsicher, weil er sich nicht auf Autoren beschränkt, die anerkannt zu festen Größen fränkischer Mundartdichtung geworden sind (wie Fitzgerald Kusz oder Helmut Haberkamm), sondern immer wieder darauf hinweist, wie vielschichtig der Heimat-Bezug bei den fränkischen Autoren ist. Der Erlanger Ernst Penzoldt schrieb über seine winterliche Heimatstadt: „Die Stadt sah ein wenig lächerlich aus. Alle Würde schien ihr genommen, selbst ihren vielen Kirchen, denen weiße Hauben verwegen ins Gesicht rutschten ..." Der Arbeiterdichter Karl Bröger, der sein Nürnberg als „ein mächtiger steinerner Lobgesang" sah, geriet in seinem literarischen Bemühen, Sozialdemokraten vom Ruf „vaterlandsloser Gesellen" zu befreien, in die Gefahr nationalsozialistischer Vereinnahmungsversuche, was ihn jedoch nicht vor dem Konzentrationslager bewahrte.

Als heile Welt erscheint Franken in Glasers Darstellung ohnehin nicht. „Der Provinzler Hitler fühle sich im fränkischen Provinzialismus besonders wohl", merkt er an und zeigt am Beispiel von Kuni Tremel-Eggert, wie Heimatkitsch auch politisch fatal wirken kann.

Was wäre noch alles zu nennen: Jakob Wassermann, Ewald Arenz, Ludwig Fels, Kevin Coyne und Godehard Schramm, Wolf Peter Schnetz, Inge Meidinger-Geise, Habib Bektas, Tanja Kinkel, Eugen wie Nora Gomringer ...

So viele wären zu nennen, denen Glaser Raum, Profil und Wertschätzung gibt. Aber diese vielfältige Annäherung an die fränkische Literaturlandschaft erfordert dann doch die eigene Lektüre des Buches –ganz im Sinn von Glasers doppeldeutiger Schlussaufforderung: ins Land der Franken zu fahren, denn „hier liegt der Himmel näher an der Erde".

Dieter Rossmeissl, in: Frankenland, H. 4, Dez 2017, S. 269-271

Buchfranken

Bücher über und aus Franken
im Schrenk-Verlag

2018

Die neue Buchreihe

Staffel 1

Staffel 2

Staffel 3

Staffel 4

MIX
Papier aus verantwortungsvollen Quellen
Paper from responsible sources
FSC® C105338